O que há de melhor em nós

Blucher

INSTITUTO TRABALHAR

O que há de melhor em nós

Trabalhar e honrar a vida

Christophe Dejours

Tradução
Instituto Trabalhar

Revisão técnica da tradução
Laerte Idal Sznelwar

O que há de melhor em nós: trabalhar e honrar a vida
Título original: Ce qu'il y a de meilleur en nous: travailler et honorer la vie

Publisher Edgard Blücher
Editor Eduardo Blücher
Coordenação editorial Rafael Fulanetti
Coordenação de produção Ana Cristina Garcia
Produção editorial Kiyomi Yamazaki e Andressa Lira
Tradução Instituto Trabalhar
Revisão técnica Laerte Idal Sznelwar
Preparação de texto Maurício Katayama
Diagramação Estúdio dS
Revisão de texto Regiane da Silva Miyashiro
Capa Laércio Flenic
Imagem da capa Márcia Waks Rosenfeld Sznelwar

Blucher

Rua Pedroso Alvarenga, 1245, 4º andar
04531-934 – São Paulo – SP – Brasil
Tel.: 55 11 3078-5366
contato@blucher.com.br
www.blucher.com.br

Segundo o Novo Acordo Ortográfico, conforme 6. ed. do *Vocabulário Ortográfico da Língua Portuguesa*, Academia Brasileira de Letras, julho de 2021.

Dados Internacionais de Catalogação na Publicação (CIP)
Heytor Diniz Teixeira, CRB-8/10570

Dejours, Christophe
O que há de melhor em nós : trabalhar e honrar a vida / Christophe Dejours ; tradução Instituto Trabalhar ; revisão técnica da tradução Laerte Idal Sznelwar. – São Paulo : Blucher, 2025.

154 p.

Bibliografia
ISBN 978-85-212-2483-9 (impresso)
ISBN 978-85-212-2479-2 (eletrônico - Epub)
ISBN 978-85-212-2480-8 (eletrônico - PDF)

Título original: *Ce qu'il y a de meilleur en nous: travailler et honorer la vie*

1. Psicanálise. 2. Sublimação (Psicologia). 3. Mecanismos de defesa (Psicologia). 4. Metapsicologia. 5. Psicanálise e sexualidade. 6. Psicanálise do trabalho. 7. Psicanálise clínica. 8. Teoria Freudiana – Sublimação. 9. Freud, Sigmund, 1856-1939. I. Título. II. Instituto Trabalhar. III. Sznelwar, Laerte Idal.

CDU 159.964.2

Índice para catálogo sistemático:
1. Psicanálise CDU 159.964.2

Conteúdo

Preâmbulo

Pouco se sabe sobre o prazer que se pode obter com o trabalho. E por uma boa razão! Parece que os pensadores e pesquisadores muitas vezes não se preocupam com o prazer no trabalho, ou no que consiste esse prazer, ou as condições materiais e ideais que, às vezes, o tornam possível. E, no entanto, o prazer no trabalho é um enigma. E o caminho que devemos seguir para decifrá-lo pode nos ensinar muito sobre o ser humano.

Para iniciar essa investigação, no entanto, são necessárias algumas ferramentas conceituais.

As questões levantadas neste livro estão no cruzamento de dois campos do conhecimento: a psicanálise (uma disciplina estabelecida há mais de um século) e a psicodinâmica do trabalho (uma disciplina muito mais recente). Embora os dois campos se sobreponham em grande parte, pontos de atrito ou tensão surgem aqui e ali, e eles serão discutidos nas páginas seguintes.

Nessa discussão, as posições dos parceiros não são simétricas. Desde o início, a psicodinâmica do trabalho mantém ativamente o debate com a teoria psicanalítica. Por outro lado, é preciso dizer que a psicanálise tem se mantido tímida, reservada e até mesmo relutante em participar do debate sobre o trabalho, o sofrimento no trabalho e as patologias mentais (ou mesmo somáticas) ligadas às transformações contemporâneas no trabalho, na gestão e na administração.

Para entender os motivos de tal dissimetria, é útil olhar para trás, para a história das ideias.

Da perspectiva da psicodinâmica do trabalho

A psicodinâmica do trabalho é uma disciplina que foi fundada na década de 1970 em um contexto social e político muito específico: o pós-1968. Naquela época (1973), o Estado francês estava investindo pesadamente no desenvolvimento de pesquisas sobre o trabalho[1] e concedeu duas bolsas a pesquisadores no campo da relação entre saúde mental e trabalho (Bernard Doray e Christophe Dejours).

Nessas pesquisas iniciais, a psicanálise foi a referência essencial para a tentativa de constituir novos métodos de investigação sobre a relação entre trabalho e saúde mental. No campo da psicopatologia, a psicanálise foi, efetivamente, uma teoria que possibilitou levar a investigação para além da doença mental descompensada – até o ponto de poder questionar os limites entre patologia e normalidade. Outra abordagem teórica teria sido possível, baseada na fenomenologia psiquiátrica, mas não houve solicitações de bolsas Resact[2] referentes à fenomenologia.[3]

---

1 Ação Resact (do francês *Recherche sur l'amelioration des conditions de travail*, ou "Pesquisa sobre a melhoria das condições de trabalho"), composta por bolsas de pesquisa para treinar novos pesquisadores especializados em ciências do trabalho, criadas pela DGRST (*Délégation générale à la recherche scientifique et technique*/Delegação Geral para a Pesquisa Científica e Técnica – 1961 a 1981).

2 Resact: *Recherche sur l'amélioration des conditions de travail*/Pesquisas sobre a melhoria das condições de trabalho.

3 No entanto, esse caminho havia sido pavimentado com talento por um psiquiatra, Adolfo Fernandez-Zoïla, que havia escrito sua tese sob a supervisão de Ignace Meyerson. Ele produziu uma vasta obra, parte da qual foi dedicada à psicopatologia

O fato é que foi graças a essas bolsas de pesquisa que a psicodinâmica do trabalho pôde se desenvolver. No confronto entre a concepção psicanalítica do funcionamento psíquico e as ciências do trabalho, é importante enfatizar que o encontro mais frutífero foi primeiramente com a ergonomia, no laboratório dirigido por Alain Wisner no CNAM (*Conservatoire National des Artes et Métiers* – Conservatório Nacional de Artes e Ofícios).

A nova disciplina que surgirá dessas pesquisas, até então agrupada sob o nome de "psicopatologia do trabalho", só será batizada como "psicodinâmica do trabalho" em 1992. As pesquisas clínicas desenvolvidas na época (Dejours, 1980) tiveram pouco impacto sobre a comunidade psicanalítica. No entanto, despertaram certo interesse de pesquisadores que trabalhavam em outras disciplinas das ciências humanas relacionadas ao trabalho, além da ergonomia e da medicina do trabalho: sociologia do trabalho, antropologia das técnicas, sociolinguística, economia do trabalho, sociologia da ética, psiquiatria fenomenológica e história social.[4]

Posteriormente, portanto, na discussão interdisciplinar sobre o trabalho, foi sempre necessário sustentar a legitimidade da referência na teoria psicanalítica como base antropológica inicial, o que não era evidente. De fato, embora a psicanálise tenha desfrutado de certa legitimidade entre os intelectuais nas décadas de 1970 e 1980, ela também despertou muitas reservas, se não reticências, entre os pesquisadores e profissionais que atuavam no campo das ciências do trabalho. Apesar dessas dificuldades, a psicodinâmica do trabalho conseguiu entrar na comunidade científica e se beneficiou muito da confrontação com outras disciplinas, bem como da sua generosidade. É preciso enfatizar a contribuição de certos pesquisadores para a discussão

---

do trabalho, e acompanhou os primeiros vinte anos da psicodinâmica do trabalho com grande constância e generosidade.

4 Consultar *Centre National de la Recherche Scientifique* (CNRS, 1987).

interdisciplinar. Esse exercício de colocar a clínica da psicodinâmica do trabalho à prova do olhar crítico de outras disciplinas tornou-se, ao longo do caminho, um método científico na construção da disciplina. Esse exercício continua até os dias de hoje, em particular com o desenvolvimento mais recente de debates com o direito e a filosofia.

Da perspectiva da psicanálise

Nas escolas de psicanálise freudiana,[5] estava fora de questão abrir um debate sobre a psicodinâmica do trabalho. Para os psicanalistas, o trabalho era uma questão de realidade material e/ou social. Ou, em outras palavras, o trabalho tinha a ver com o ambiente, assim como o nível social, o estilo de vida, a moradia, a renda etc. Todas essas dimensões da realidade material faziam parte do ambiente. Todas essas dimensões da realidade material e social tinham de ser deixadas na porta do consultório, a fim de proporcionar ao paciente as melhores condições possíveis de acesso à sua vida psíquica, ao seu funcionamento psíquico e ao que chamamos de "realidade psíquica" (Laplanche, 1999a, pp. 9-16). O *setting* contém todos os elementos pertencentes à realidade social-material ou ao ambiente como elementos contingentes à luz da realidade psíquica, ou seja, sem influência etiológica na gênese dos sintomas. Em outras palavras, para os psicanalistas, os distúrbios psíquicos se originam na psicossexualidade, ou seja, no interior da psique. No máximo, os fatores ambientais só podem agir como "gatilhos" ou "reveladores" de um conflito psicossexual subjacente,

5 SPP: *Société de psychanalyse de Paris*/Sociedade de psicanálise de Paris; APF: *Association Psychanalytique de France*/Associação psicanalítica da França; *Le Quatrième Groupe, Organisation Psychanalytique de Langue Française*/Quarto grupo – Organização psicanalítica de língua francesa; *Institut de psychosomatique*/Instituto de psicossomática.

anteriormente constituído e inscrito no psiquismo. Em nenhuma circunstância podem ter qualquer influência etiológica.

Por esse motivo, a psicodinâmica do trabalho foi deixada de lado e excluída de qualquer debate com a psicanálise, e até mesmo tratada como indigna pelos colegas psicanalistas. Essa rejeição era mais radical nos anos 1980-2000 do que é hoje. Embora, no geral, a psicodinâmica do trabalho ainda seja tratada com condescendência por grande parte da comunidade psicanalítica, uma certa quantidade de profissionais reconhece que há espaço para discussão. Esse desenvolvimento certamente se deve ao agravamento do sofrimento e ao aumento da incidência de patologias relacionadas ao trabalho, como resultado das consideráveis mudanças na organização do trabalho e nos métodos de gestão e liderança, tanto nas empresas privadas quanto no setor público. Efetivamente, esses sofrimentos e essas patologias se tornaram uma fonte de demandas cada vez mais frequentes endereçadas aos psicanalistas.

Nos últimos quinze anos, aproximadamente, houve aberturas ocasionais. E, nos últimos 4 ou 5 anos, não apenas conferências sobre psicodinâmica do trabalho foram solicitadas por várias instituições e escolas de psicanálise na França e no exterior, mas, desde 2017, um seminário tem sido realizado na Federação Europeia de Psicanálise (EPF), que reúne regularmente psicanalistas de cerca de dez países.

Portanto, é em um novo contexto que este livro foi publicado. A criação de um lugar na psicanálise para a clínica do trabalho esbarra em dificuldades que não são meramente ideológicas. Embora a psicodinâmica do trabalho seja inteiramente estruturada com referência à psicanálise, a própria psicanálise não elaborou, desde Freud, um conceito ou um conjunto de questões que possibilitassem acolher as questões clínicas devidas ao sofrimento e pelas patologias relacionadas ao trabalho. Em outras palavras, os psicanalistas, que se tornaram sensíveis às questões relacionadas ao trabalho, não sabem como seria conveniente ouvir o que os pacientes têm a dizer sobre seu trabalho, a fim de compreender seu significado em termos da economia psíquica e da história de cada indivíduo. O mais difícil para o psicanalista, em contraste com a escuta convencional, é não reduzir a relação subjetiva com o trabalho a conflitos relacionais entre pessoas. Há algo no trabalho que não pode ser reduzido à intersubjetividade.

Esse algo diz respeito ao que, no trabalho, advém do "fazer" propriamente dito, ou seja, o que, na psicodinâmica do trabalho, é designado pelo conceito de "trabalho vivo". O tema deste livro é exatamente o que significa para a subjetividade o fato de estar engajada no trabalho vivo. Não apenas em nível metapsicológico, mas também no âmbito da prática, uma vez que o psicanalista precisa aprender a "ouvir o trabalho vivo", o que não é uma tarefa fácil.

Este livro é, portanto, dirigido principalmente aos psicanalistas e é apresentado como uma nova etapa no debate interdisciplinar já apresentado. Surpreendentemente, é no final de um processo muito longo – no qual a discussão interdisciplinar se afirmou como o método científico graças ao qual a psicodinâmica do trabalho foi construída ao longo de cerca de quarenta anos – que o confronto interdisciplinar entre a psicodinâmica do trabalho, por um lado, e a psicanálise como uma disciplina estabelecida há mais de cem anos, sem referência ao trabalho, por outro, pode realmente começar.

É de se esperar que a psicanálise saia desse debate disposta a estender o escopo de sua prática à análise da relação entre trabalho e subjetividade. Se esse for o caso, é muito provável que o esclarecimento dos termos em que o debate interdisciplinar pode ser conduzido levará a uma antropologia psicanalítica ampliada e enriquecida. De fato, é graças a uma concepção renovada sobre a sublimação que se torna possível uma articulação entre a clínica do trabalho e a psicanálise.

Essa extensão da antropologia psicanalítica interessa a várias disciplinas das ciências sociais, do direito e da filosofia que já estiveram implicadas no debate com a psicodinâmica do trabalho. Ao admitir que uma antropologia da sublimação possibilita abrir a sublimação do domínio exclusivo da criação artística, onde ela permaneceu confinada desde Freud, então é possível que este livro também seja de interesse para um público de pesquisadores, pensadores e profissionais que vai muito além da comunidade de psicanalistas.

Christophe Dejours

Prefácio

Neste livro, Dejours nos propõe uma discussão fundamental sobre o papel da psicodinâmica do trabalho para a retomada de questões apenas evocadas, inicialmente por Freud, mas que foram praticamente esquecidas pela comunidade psicanalítica. Essas questões dizem respeito ao trabalho - atividade central na vida humana e para a construção de todas as instituições humanas -, considerando-se as empresas, as instituições públicas, os coletivos profissionais, enfim, a própria cultura.

Para nós, esse diálogo é essencial, sobretudo quando vivemos cenários de produção, em todos os setores da economia, em que o trabalhar é, e de alguma maneira, sempre foi, considerado como algo irrelevante, que pode ser reificado, com se fosse algo que não seja fundamental para a existência de tudo o que é humano. O ponto de vista aqui defendido reforça que o trabalho em si, considerado como uma atividade socialmente reconhecida, é parte substancial dos processos de subjetivação ao longo da vida. Se partirmos da definição do que são atividades reconhecidas por meio de processos de remuneração, estamos nos referindo a uma parte importante do trabalho de produção. Todavia, há que se considerar uma outra parte significativa do trabalhar, como bem mostra Dejours em diferentes oportunidades em sua obra; o trabalho de reprodução, bem como aquelas atividades desenvolvidas por pessoas sem serem remuneradas, mesmo que muito fundamentais para a sociedade, como certos trabalhos do cuidado.

Fica evidente, no texto deste livro, a importância da psicanálise para a psicodinâmica do trabalho. A referência à psicanálise, como uma antropologia da sublimação, é uma chamada bastante interessante que propõe uma extensão substancial às reflexões de Freud expressas na nota de rodapé do seu livro *O Mal Estar na Cultura*, na qual o célebre fundador da psicanálise deixa evidente que, apesar de considerar a sublimação como reservada ao trabalho da criação artística e à pesquisa científica, ele se questiona sobre o trabalho ordinário; e procura mostrar seu poder sobre o processo de subjetivação. Para Freud, há um enigma que diz respeito à importância do trabalho ordinário na vida dos humanos e na sociedade. Depois dele, não há uma continuação com relação a esse debate; exceto o proposto por Dejours, desde os idos dos anos 1980. Um dos pontos-chave tratados por esse autor ao longo dos anos e, em especial neste livro, diz respeito especificamente à abertura de uma discussão aprofundada com os psicanalistas no que tange à díade trabalho – psiquê. Fica a impressão de que para muitos autores e, consequentemente, para quem pratica a psicanálise, que o trabalho deveria ser tratado como uma questão contingente, relativa ao ambiente no qual vivem os seus analisandos, não se tratando de algo importante e fundamental para o próprio desenvolvimento dos sujeitos e, para o que se poderia considerar como intrapsíquico. Aí fica um outro questionamento, a partir da nossa compreensão do que seria o intrapsíquico. Mesmo que, em psicanálise, trabalhemos com o material que os sujeitos nos oferecem, todo esse material é fruto de algo construído na relação com o outro; desde os primórdios da vida, é com o outro e através do outro, que nos constituímos, não há e não poderia haver uma concepção solipsista do humano. Sempre vivemos com os outros, para os outros e, dependemos dos outros. Isso se dá na própria relação psicanalítica, o que é trabalhado em um processo de psicanálise se dá justamente no entre, naquilo que acontece nas relações transferenciais.

Perguntamos: o trabalho não seria essencialmente relacional? Mesmo que vivamos em uma época na qual a falácia de que podemos trabalhar isoladamente, como se fôssemos, cada um, um empreendimento empresarial, algo jamais ocorre que não seja na relação. Qualquer pessoa ligada ao mundo da produção, seja de bens ou de serviços, sabe muito bem que há uma interdependência entre todos, inclusive com aqueles considerados concorrentes. Aliás, mesmo a divisão entre bens e serviços, torna-se mais fluida em um mundo coalhado de atividades que não podem ser separadas completamente, há sempre o serviço agregado a qualquer bem e há bens que propiciam a realização de diferentes serviços. Portanto, chega da falácia de que trabalhar pode ser visto como algo exclusivamente individual, apesar de que tudo depende do engajamento, da implicação de cada um de nós para realizarmos algo. Isso significa que o fazer se consubstancia na implicação do corpo e da psiquê; aliás a separação entre eles é apenas didática e leva a muitas incompreensões. Não há psiquê sem corpo e o corpo sem psiquê se aproximaria mais de uma matéria inerte.

Já na Introdução, Dejours nos propõe questões fundamentais para refletirmos sobre o que ele defende neste livro. Trata-se da importância dos processos de sublimação para a constituição da possibilidade da vida em sociedade, caracterizada como uma renúncia à satisfação sexual das pulsões. Segundo Freud, essa possibilidade residiria no interior da psiquê individual e já se expressaria desde o início da vida, pela pulsão de pesquisa. Mesmo a ideia de Freud de que a sublimação seria própria a pessoas que desenvolvem alguma atividade não ordinária, excepcional, ela só existiria a partir de processos que, de alguma maneira, estariam ligados à relação com os outros, ao reconhecimento pelos outros.

Ao longo do livro, Dejours nos brinda com questões bastante desafiadoras, sobretudo se ainda não paramos para refletir sobre a importância do trabalho na vida humana. Ao mostrar que a criatividade não é uma exclusividade de poucos, mas que ela se expressa no confronto com a resistência do real; estaria então presente em todas as atividades humanas. A partir da resistência do real, os humanos desenvolvem diferentes tipos de estratégias para que possam atingir suas metas, seus objetivos. Há sempre investimento na relação com a matéria, trata-se de uma relação libidinal, algo que exige por parte de quem faz, a manipulação, a busca, a avaliação do resultado, enfim todo um processo de corpopropriação, que induz a transformações do sujeito. Essas transformações se expressam no corpo erógeno, sobretudo nos casos mais positivos, em um crescimento da sensibilidade.

Por outro lado, o autor nos adverte sobre o risco daquilo que considera antissublimatório, como afeito ao que poderíamos referir a Thanatos, à pulsão de morte. Trata-se das situações de trabalho, inspiradas no taylorismo que impedem o desenvolvimento de atividades interessantes e desafiadoras; portanto, dos cenários propícios para a emergência de sofrimento patogênico. Para o autor, não se trata apenas de descrição de um cenário histórico, já ultrapassado, já resolvido. Ao contrário, fica evidente que, as modalidades contemporâneas de organização do trabalho podem ser tão ou, ainda, muito mais nefastas no que diz respeito à emergência de distúrbios psíquicos. Isso diz respeito àquilo que o autor define como a "loucura da norma" – incluindo questões como a "gestão por números" tratada por Alain Supiot e os processos de normalização –, que é imposta igualmente à atividade médico-psiquiátrica. Esses modos de organização do trabalho que tem como pressuposto básico, mesmo que não explicitado, o impedimento da reflexão, da tradução daquilo que o real nos mostra, da busca de processos de deliberação; enfim que se trata de cenários propícios para processos alienatórios, tornam-se cada vez mais presentes. Os riscos não seriam apenas para a questão da saúde mental dos indivíduos, mas também para o futuro da vida nas organizações e, até para a democracia. Excluir algo fundamental da nossa psiquê, que é a capacidade de refletir, de elaborar, de decidir, de refletir em conjunto e desenvolver atividades deônticas, seria, portanto, uma via perigosa, com impactos deletérios. Isso porque também a cooperação estaria comprometida nas relações entre as pessoas no trabalho, a competição de todos contra todos e do desprezo por aquilo que há de comum no trabalho. A emergência de mecanismos psíquicos de defesa, assim como a de estratégias coletivas de defesa traduzem esses cenários patogênicos, desoladores. Desse cenário, também pertencem os distúrbios, as patologias e os suicídios relacionados com o trabalho.

Dejours também traz para nossa reflexão um caso clínico bastante significativo, um caso de consultório, que não é fruto de uma ação em psicodinâmica do trabalho, mas do seu trabalho como psicanalista. Assim, ele nos apresenta uma construção fundamental e bem estruturada sobre a relação profícua entre a psicanálise e a psicodinâmica do trabalho, que constitui a argumentação do seu livro daí para frente.

Essa construção nos parece bastante sólida e pertinente. Dejours trata do trabalho vivo, partindo de diferentes conceitos, um deles diz respeito àquilo que consideramos uma questão-chave. Não existe um trabalho de execução no sentido restrito do termo, toda e qualquer atividade de trabalho requer diálogo com a prescrição, mas não se traduz em mera execução daquilo que foi definido e ordenado anteriormente. Sempre há algo a ser adicionado, a ser feito de outra maneira, a dar conta das resistências do real que incluem não só a questão da matéria a ser processada, mas também o que diz respeito ao próprio sujeito. A persistência é necessária para conseguirmos atingir os objetivos. Nesses cenários, em que se desenvolve o trabalho vivo, a dinâmica entre sofrimento e prazer se desenrola.

Considerando-se os resultados obtidos a partir da abordagem do trabalhar desenvolvida pela psicodinâmica do trabalho, Dejours propõe um enriquecimento da teoria da sublimação em três níveis, em um diálogo com a psicanálise que não teria a patologia como objeto principal, mas o contrário, o foco estaria nos processos de subjetivação, de desenvolvimento dos sujeitos, da perspectiva da realização de si e nos processos emancipatórios. Ela reforça a importância da existência de cenários, frutos de organizações do trabalho, nos quais seja possível o desenvolvimento da cooperação, de atividades deônticas, nos quais o trabalho da *poiesis* (produção) seja bastante propício ao *Arbeit* (trabalho psíquico – de si sobre si mesmo).

Como já poderíamos antever, neste livro não poderia faltar uma discussão da psicanálise como profissão. O autor, logo no início do capítulo quatro, dedicado a essa questão, nos oferece uma discussão sobre a polêmica que esse termo engendra. Para alguns, a psicanálise não seria uma profissão, uma vez que ela mobilizaria aptidões diversas de todas as outras profissões. Seria mais próxima de uma arte, portanto. Por outro lado, todo trabalho, inclusive o do artista tem características próximas a qualquer profissão, como técnica, método, regras e objetivos. Podemos também afirmar que, todo trabalho inserido numa perspectiva profissional, tem algo de artístico. Isso não significa banalizar o trabalho nos diferentes setores da arte, verdadeiras profissões voltadas à criação. No caso em questão, mas também em todas as atividades de trabalho, é exigida a presença do corpo, inclusive a do psicanalista. Trata-se de uma quimera, imaginar que o psicanalista trabalharia apenas com o espírito, com a psiquê, como um trabalho mental, sem corpo.

Outros aspectos que reforçam a ideia da psicanálise como profissão estão relacionados à transmissão do conhecimento; a transmissão não é uma mera transmissão, trata-se de um processo longo fundamentado principalmente na sua própria análise e, também constituído pela participação em seminários clínicos e cursos teóricos, além da supervisão de casos clínicos. Todo esse processo, vivido, experimentado, sentido por aqueles que dessa profissão desejam fazer parte, é bastante rigoroso e refere-se à importância da aprendizagem dessa profissão. Aprender e viver essa profissão significa traçar caminhos que inexoravelmente nos levam a momentos de sofrimento e prazer, de incorporação, de julgamento pelos pares e pelos analisandos, entre outros. Momentos que exigem que enfrentemos os desafios materiais e imateriais relativos ao "ser psicanalista". Ainda, mesmo que a atividade do psicanalista, no *setting* analítico, seja isolada dos colegas, essa vivência também está a eles relacionada; seja a partir das referências comuns ou ainda em atividades de discussão e de reflexão sobre os desafios da clínica. Diferentes tipos de cooperação são possíveis ao longo de sua atividade profissional.

Qualquer atenuação no sentido de reduzir os tempos, as exigências e os rigores do processo de capacitação dos analistas é diminuir a importância dessa profissão. Nesse sentido, acredito que Dejours nos propõe algo de grande importância para esse debate, a ideia do princípio da recusa, o que seria algo fundamental para a profissão do analista, isso porque um dos princípios éticos da psicanálise seria o de respeitar o poder dos indivíduos para traçarem seus próprios caminhos em direção à autonomia.

O autor nos propõe uma conclusão que se constitui em uma advertência de grande significado. Excluir o trabalho e sua importância para os sujeitos seria um erro grave, em especial, no caso da psicanálise. Essa exclusão não seria o apanágio da psicanálise, trata-se de um fenômeno muito mais amplo, com profundas raízes históricas. Esse processo diz respeito a muitas áreas do conhecimento e, também faz parte de uma hierarquização com relação ao prestígio. Há sempre uma tendência de se delegar as questões do trabalho para um nível inferior ou secundário, podemos constatar isso em muitas dimensões da sociedade, incluindo a academia e o direito. Como considerar a importância do trabalho para o desenvolvimento da cultura é algo que o autor coloca como ponto central na sua conclusão; para tanto, é importante que se reconheçam os investimentos dos sujeitos para fazer frente ao real, à sua persistência, ao se deixar invadir pelas dificuldades do trabalho vivo, aos diferentes níveis da sublimação possíveis para que possamos considerar efetivamente a sua contribuição para a polis, para o viver-junto. Há que se superar as inúmeras e poderosas dificuldades colocadas em nossas sociedades com relação ao reconhecimento do papel do trabalho-vivo. Ao dedicar este livro à questão da sublimação, Dejours nos coloca diante dos desafios que atividades consideradas como anti-sublimatórias, muito presentes em nossos cenários de trabalho, trazem para o futuro. As escolhas organizacionais que desprezam a importância de se desenvolver um trabalho que esteja ancorado em valores e tradições profissionais e, também no caso de profissões mais recentes e futuras, calcados na perspectiva do desenvolvimento pessoal e coletivo são um risco, um risco exacerbado pelas escolhas oriundas do neoliberalismo que se expressam em modalidades de organização do trabalho e de gestão calcados no individualismo e no desprezo àquilo que há de coletivo no trabalho.

Por fim, o autor reforça a importância do fenômeno sublimatório, considerando-se os seus diferentes níveis, em particular o da possibilidade de contribuir para a cultura e para a civilização. Para ele, sua plena realização seria possível a partir da existência de relações, de ligações entre as pessoas que se constituem a partir da cooperação. Seria, a partir de um trabalho propício para tanto, possível preservar e desenvolver o que há de melhor no ser humano, do crescimento dos registros da sensibilidade da subjetividade, de poder experimentar, provar e sentir a vida em si.

Espero que todos tenham uma prazerosa, profícua e útil leitura deste texto tão instigante!

Laerte Idal Sznelwar

Introdução

Desde a introdução dada por Freud ao conceito de sublimação, muitos autores tentaram explorar a teoria com mais profundidade. O interesse contínuo dos psicanalistas pelo assunto é compreensível: a sublimação é fascinante porque é o conceito por meio do qual a psicanálise se esforça para captar o que há de melhor na alma humana.

No entanto, a psicanálise revela uma série de motivos obscuros no inconsciente que, dada a grandeza com que os seres humanos desejam se adornar, não são nada lisonjeiros. Na esteira de sua investigação das neuroses, ela produziu uma massa de conhecimento refinado sobre o funcionamento psíquico, por meio da análise de atos falhos; equívocos de fala, leitura, gestos e ações; esquecimento de nomes, palavras e objetos; chistes; e, talvez principalmente, por meio dos sonhos. Desde seu interesse inicial pela neurose e pela psicopatologia, a psicanálise ampliou consideravelmente seu campo de investigação.

Tanto é assim que a obra de Freud também é corretamente considerada como uma teoria do ser humano – uma antropologia. Essa teoria estipula que a sexualidade é central para o funcionamento psíquico. Não a sexualidade no sentido biológico do termo (a reprodução), mas a sexualidade no sentido psicanalítico, ou seja, a sexualidade infantil. E também afirma que essa última está na raiz das condutas humanas: é a sexualidade que estaria na sua origem e que as colocaria em movimento.

Porém, não há nada de idílico nessa sexualidade infantil. Nos termos de Freud, é uma sexualidade perversa e polimorfa, que a investigação clínica mostra ser fundamentalmente amoral. Se acrescentarmos a essas considerações o que Freud, no decorrer de sua teoria, colocou primeiro na pulsão de dominação e depois na pulsão de morte, é fácil entender que a psicanálise revela, acima de tudo, componentes pouco simpáticos da alma humana.

De fato, Freud era cético quanto à possibilidade de progresso moral para a humanidade. Isso é o que tem sido amplamente comentado sob o nome de "pessimismo freudiano", que deu origem a muitas críticas de fora da psicanálise (de Hannah Arendt a Axel Honneth), mas também de dentro dela, sendo que muitos autores decidiram desafiar a centralidade antropológica da sexualidade e até mesmo rejeitar toda a teoria das pulsões.[6] Esse movimento de contestação continuou a se espalhar, a ponto de podermos falar atualmente de uma tendência mundial em direção à "dessexualização da psicanálise".

Para Freud, uma sociedade – ou seja, uma forma de coexistência estável entre seres humanos unidos pelo desejo de evitar o recurso à violência para resolver seus conflitos – só é possível se esses últimos aceitarem, voluntária ou involuntariamente, uma limitação instituída de suas pulsões sexuais (Freud, 1927/2015, pp. 146-148). A sublimação, por outro lado, não é um desdobramento direto da repressão social. Ela não se origina externamente (mesmo que esteja sob pressão),

---

6 Aqui podemos nos referir a um debate marcante no qual um filósofo – Adorno – que defendia a posição freudiana fez uma forte acusação aos psicanalistas que, ao reformularem a teoria de Freud, foram descritos por ele como "revisionistas". Ver Adorno (2007).

mas dentro do indivíduo. Embora seja caracterizada por uma *renúncia* à satisfação sexual de certas pulsões, essa renúncia (cujo sucesso permanece em grande parte enigmático, tanto para Freud quanto para seus sucessores) é uma possibilidade cuja realização está inteiramente dentro do funcionamento psíquico individual. A renúncia e a sublimação estão intimamente ligadas, mas não é fácil determinar entre os dois termos quem é a galinha e quem é o ovo, respectivamente.

O objetivo deste livro não é propor uma nova teoria da sublimação. Pelo contrário, é a teoria freudiana da sublimação que servirá como ponto de partida e de referência. E é com base nessa teoria que gostaria de avaliar seu lugar de direito em uma área específica da clínica: a "clínica do trabalho vivo". Essa clínica foi pouco abordada por Freud e, posteriormente, não foi muito abordada pelo conjunto da comunidade psicanalítica.

A teoria da sublimação de Freud é incompleta, mas reúne uma grande quantidade de características teóricas que formam uma estrutura substancial; alguns pontos mencionarei aqui. A sublimação é um destino pulsional: na origem de toda sublimação está, antes de tudo, o sexual (embora precisemos levar em conta o que Freud prevê sobre a possibilidade de *sublimação desde o início*, no caso da pulsão de pesquisa [Freud, 1910/2009, p. 160]). Os componentes da sexualidade envolvidos principalmente na sublimação são as pulsões parciais (Freud, 1908/2007, p. 204). Freud situa a sublimação do lado das defesas do Eu (Freud, 1915/2005, p. 174)[7] contra as pulsões. A sublimação está intimamente relacionada ao sublime no sentido de elevação de si, porém mais vagamente relacionada ao sublime no sentido filosófico do termo (Schiller, 1901/1997).[8] As relações entre a sublimação

7 Veja também Freud (1915/2012, pp. 76-77).

8 Quando Schiller é citado por Freud, e ele o é em várias ocasiões, é ao poeta que ele se refere, não ao filósofo que dedicou tanto esforço à filosofia moral, estética e política.

e o ideal, ou mesmo a idealização (Freud, 1914a/2005, pp. 237-238),[9] é mediada pelo narcisismo e pelo amor de si. A sublimação implica referência a valores (Freud, 1932/2004, p. 179). Em outras palavras, há uma dimensão ética na sublimação, mas isso não significa, de acordo com Freud, que a sublimação esteja na raiz do senso moral nem da ética. A sublimação constitui um elo intermediário entre o indivíduo e a sociedade, mas ela não é responsável pela formação do vínculo social (o princípio do vínculo social está na idealização que prolonga a sublimação das moções homossexuais). A sublimação desempenha um papel importante na criação artística e na pesquisa científica. Por fim, vale a pena ressaltar que Freud tem reservas quanto às consequências da sublimação. Se a sublimação está envolvida na produção das obras da cultura (Freud, 1930/2015),[10] ela pode, no entanto, se tornar uma ameaça não apenas à reprodução da humanidade, mas também à sociedade e à civilização, porque exige renúncias e até mesmo sacrifícios (*Triebopfer*) que podem ser muito custosos para a economia da sexualidade (uma ameaça à reprodução da espécie humana, por um lado, e um ódio à cultura, por outro).

A passagem pela clínica do trabalho e pela teoria do trabalho vivo traz à tona uma certa quantidade de pontos de tensão em relação à concepção freudiana, que serão destacados no decorrer deste livro. Nesta introdução, eles serão apenas brevemente enumerados.

A primeira é sobre o *campo de validade* da sublimação. Para Freud, a sublimação diz respeito apenas a uma quantidade limitada de seres humanos, seres excepcionais que estão entre os artistas e pesquisadores científicos. Há, no entanto, alusões ocasionais a um campo mais amplo, que poderia se estender a indivíduos comuns, mas a sublimação ocupa apenas um lugar marginal em seu funcionamento psíquico, e suas virtudes derivam mais de sua associação com outros

---

9 Veja também Freud (1914/2012, pp. 69-71).

10 Veja também Freud (1930/2010, pp. 94-95).

processos psíquicos, como a identificação ou a inibição com relação à meta. A clínica do trabalho sugere que a sublimação está presente em uma gama muito mais ampla de atividades profissionais do que Freud pensava, ou seja, em todas as atividades que fazem parte de um metiê no sentido estrito do termo. Além disso, em muitos de seus textos, Freud aponta que as mulheres não são apenas menos adequadas à sublimação (Freud, 1908/2007, p. 210), mas que muitas vezes são até mesmo suas adversárias (Freud, 1930/2015, p. 290).[11] Sobre esse ponto, a clínica do trabalho fornece inúmeros argumentos que contrariam a posição de Freud. É verdade que a sublimação não é a mesma para homens e mulheres, mas a diferença não está na natureza das mulheres. Ela tem a ver com as condições (materiais, sociais e políticas) que tornam a sublimação possível, as quais discutiremos a seguir.

O segundo ponto de tensão diz respeito ao que a clínica do trabalho identifica como os *pré-requisitos materiais para a sublimação*. Em particular, o que vem da organização do trabalho, que impõe uma certa quantidade de constrangimentos relacionados à definição da tarefa profissional (ou seja, os objetivos a serem alcançados, por um lado, e o modo operatório, por outro), e decide sobre os espaços de liberdade concedidos aos indivíduos e aos coletivos de trabalho para honrar as regras de trabalho e as regras do metiê; e o que vem das relações sociais de trabalho que limitam o poder de escolher seu metiê ou de traçar o caminho pessoal no labirinto do mundo do trabalho. Esses constrangimentos e limitações podem, às vezes, estrangular o processo de sublimação a tal ponto que a organização do trabalho pode ser qualificada como uma "organização antissublimatória".

O terceiro ponto diz respeito ao *solipsismo* da sublimação. A clínica do trabalho confirma que a condição *sine qua non* da sublimação é de fato encontrada no funcionamento psíquico individual. Contudo, a sublimação sempre tem um ou mais destinatários, e o papel destes é

11 Veja também Freud (1930/2010, pp. 104-105).

importante, tanto para o artista como para o pesquisador, não apenas por causa da encomenda que recebem, mas também pelo reconhecimento que lhes é acordado ou recusado pela produção entregue a quem a encomendou. A encomenda e o reconhecimento têm um impacto considerável sobre a possibilidade de um indivíduo e de um coletivo para mobilizar e desenvolver seus recursos sublimatórios.

O quarto ponto diz respeito aos *efeitos de retorno da sublimação* sobre a economia pulsional do indivíduo. A clínica do trabalho sugere que, quando é possível, a sublimação tem efeitos poderosos sobre a saúde e que, quando bloqueada, pode ter efeitos muito deletérios sobre o funcionamento psíquico e somático. Essa situação é apenas mencionada por Freud (1908/2007, p. 209), mas não é objeto de qualquer investigação clínica ou de uma teorização metapsicológica.

O quinto ponto é sobre a *relação entre sublimação e prazer*, que Freud não aborda muito, insistindo sobretudo na relação entre sublimação e sofrimento. A clínica do trabalho sugere que a sublimação tem efeitos de retorno poderosos sobre o narcisismo. Freud (1923a/2010) estava interessado principalmente no primeiro estágio da trajetória pulsional na sublimação: o do retorno da libido para o Eu, que torna a sublimação possível:

> *A transposição da libido objetal para a libido narcisista . . . leva manifestamente a um abandono dos objetivos sexuais, uma dessexualização, portanto, uma espécie de sublimação. . . . Não é esse o caminho geral para a sublimação, e toda sublimação não ocorre por meio do Eu, que primeiro transforma a libido objetal sexual em uma libido narcísica, para lhe dar, em seguida, uma nova meta? (p. 274)*[12]

12 Ver também Freud (1923b/2010, pp. 73-74).

Ele, porém, não discutiu o segundo estágio da trajetória pulsional, quando a pulsão, depois de ter sido envolvida em uma sublimação "bem-sucedida", retorna sobre o Eu, implicando então particularmente o ideal do Eu. É verdade que, nesse texto, o ideal do Eu é dado como sinônimo do Supereu. Na clínica, porém, a sublimação, quando bem-sucedida, retorna ao Eu, de modo cardinal, como realização de si. E, dessa vez, é pontuada por um prazer especificamente experimentado como um crescimento do Eu, um ganho de subjetividade que, em última análise, leva a um crescimento do amor de si.

Este livro é composto por quatro capítulos. Os três primeiros são versões revisadas de artigos publicados em diferentes revistas. O Capítulo 1 discute a teoria freudiana da sublimação com base no trabalho vivo, conforme revelado na clínica do trabalho, tanto na criação artística quanto no trabalho individual qualificado. O Capítulo 2 procura mostrar as consequências para a saúde devidas à interrupção, por uma mudança brutal na organização do trabalho, de uma vida até então engajada com uma atividade profissional baseada na sublimação. O Capítulo 3 apresenta uma síntese das possíveis contribuições da clínica do trabalho para a teoria da sublimação. O Capítulo 4 consiste em um retorno reflexivo da teoria da sublimação para a própria psicanálise. Após um desvio pela clínica do trabalho, pode-se argumentar que a psicanálise é uma prática que envolve principalmente os recursos sublimatórios do profissional psicanalista. Isso pressupõe o reconhecimento de que a psicanálise é um metiê, uma profissão regida por regras e que emprega um saber-fazer técnico que a torna semelhante a um metiê do artesão.

Muitos psicanalistas se incomodam com essa repatriação de sua arte para o solo comum do trabalho, que eles consideram como um ataque ao prestígio dessa prática, reconhecidamente tão particular que não poderia ser comparada a nenhuma outra profissão. Freud, entretanto, considerava a psicanálise como um metiê, até mesmo impossível (Freud, 1937/2010, p. 50). E ele deu as devidas indicações sobre a técnica analítica. Em *La technique psychanalytique* (*A técnica psicanalítica*) (Freud, 1953/2007), um livro composto pelos principais textos de Freud sobre técnica, compilado por Daniel Lagache em 1953, há um artigo de 1914 intitulado "Recordar, repetir, elaborar" (Freud, 1914b/2005).[13] Ele me parece ser um dos mais interessantes textos de Freud sobre a prática da psicanálise, ao mostrar o que, na sublimação, passa inevitavelmente por um trabalho cujo desdobramento, longe de diminuir o prestígio da psicanálise, expõe, ao contrário, a sutileza dos elos intermediários pelos quais a determinação do conceito deve demarcar se quisermos fazer justiça a essa "profissão/metiê impossível".

13 Veja também Freud (2019, pp. 51-68).

1. Inteligência no trabalho: por que a criatividade não é apenas para "gênios"

É no trabalho comum que o gênio da inteligência é convocado, e é por meio dele que ele se revela. No trabalho vivo, o trabalhador sempre parte de um estado de coisas preexistente que, por sua resistência, provoca a inteligência. E, para superar essa resistência, a inteligência não cria. Seu gênio deriva preferencialmente da subversão do peso das cargas objetivas, por meio de um processo de subjetivação do real, no qual o corpo desempenha o papel principal, que é o que eu gostaria de tentar explicar aqui. Essa subversão poderia estar no cerne do que a psicanálise chama de "sublimação"; em outras palavras, um destino muito específico para a pulsão sexual.

Por que invocar a sexualidade aqui? Porque, sem ela, não conseguiríamos entender como a matéria *inanimada* pode vir a ser tratada pelo gênio da inteligência como uma matéria viva. Essa é a condição *sine qua non* desse trabalho tão essencial que já foi descrito como "trabalho vivo". Em "O spleen de Paris", Baudelaire (1857) expressa, não sem pavor, o que acontece quando o processo é revertido:

De agora em diante você não é mais, ó matéria viva!

Que um granito cercado por uma onda apavorante

E é primeiramente a Baudelaire que vou me referir para explorar a essência do trabalho vivo e tentar esboçar uma metapsicologia da inteligência no trabalho.

Investimento sexual e trabalho

Aqueles que tentaram considerar a relação entre sexualidade e trabalho geralmente optaram por passar pelos elos intermediários da sublimação e do ideal. A sublimação é vista em termos muito gerais como a busca de satisfação não sexual da pulsão. Todavia, se estivermos interessados no "trabalhar", precisamos, antes de mais nada, entender como o investimento libidinal pode ser dirigido a objetos *materiais inanimados*, como uma matéria (terra, pedra, madeira, gesso, metal) ou a uma ferramenta, ou mesmo a objeto técnico (arma, automóvel, avião). Até onde eu sei, essa questão é pouco discutida pelos psicanalistas.

A metapsicologia freudiana admite a ideia de um investimento (da libido) em uma parte do corpo, ou mesmo em um órgão, ou seja, na matéria *viva*. Seria por meio do corpo e de suas partes, uma vez que podem ser objeto de investimento libidinal, que uma transposição para um objeto material poderia ser considerada? A substituição, a transposição ou o deslocamento para um objeto material seria possível na condição de que *ao objeto material fosse atribuída uma dimensão carnal*: um objeto material como substituto, então, do objeto original da pulsão, que seria o corpo ou uma parte do corpo. A renúncia à satisfação sexual da pulsão *não implicaria a passagem do mundo carnal e vivo para o mundo material e inanimado*. Pelo contrário, pressuporia que, na mudança de objeto da pulsão, *perdura a preservação fantasmática da qualidade do vivo*: "animado", ou mesmo "anímico", como discutiremos mais adiante.

Sublimação: referências teóricas iniciais

Se agora mudarmos a análise para o lado da meta pulsional, no que consiste a sublimação? Essencialmente, uma "transposição pulsional". Em *Entre a sedução e a inspiração: o homem*, Jean Laplanche (1999a) aborda a questão da gênese, em Leonardo, da "pulsão de saber" (*Wisstrieb* ou *Forschertrieb*). "No ponto de partida", escreve ele,

> *Freud situa duas "pulsões" (diremos: duas "funções") que dizem respeito à autoconservação, a primeira, o prazer-desejo de ver,* Schaulust, *a outra, a pulsão de dominação. Essas duas funções não sexuais . . ., portanto, são muito cedo, imediatamente envolvidas no processo sexual no qual o adulto tem a iniciativa. (p. 326)*

Em seguida, vem uma citação de Freud (1910/2009) em seu *Leonardo*: "A libido escapa do destino do recalque sublimando-se desde o início no *desejo de saber* e colocando-se como um reforço ao lado da vigorosa *pulsão de pesquisa* (p. 105). Laplanche analisa detalhadamente essa relação com a sublimação em seus dois aspectos, ideativo e corporal.

Porém, assim como Freud, parece-me que ele pula um estágio intermediário que acredito ser importante: o estágio de confrontação com a matéria. Para Leonardo, assim como para Giacometti, há um momento de luta com a própria matéria. Uma luta sem a qual, em minha opinião, não haveria criação. Uma luta que envolve ficar cara a cara com a matéria a ser trabalhada, uma luta que mobiliza o corpo do artista, como condição *sine qua non* de um relacionamento pulsional com a matéria do qual a obra pode emergir: a luta com a tela, as cores, os solventes, os pincéis, a luta das mãos e dos dedos com a argila para testar sua resistência, a inércia, a dureza, a maciez, a insubmissão, a viscosidade, a maleabilidade e, finalmente, fazer emergir a forma convocada para traduzir ou retraduzir a mensagem enigmática do adulto.

Laplanche afirma,

> *em Giacometti, o aspecto da sexualização que chamo de secundário certamente não está ausente... Isso não ocorre sem a participação de componentes – notadamente os sádicos anais – que são extremamente semelhantes aos de Leonardo. Anal – quero dizer, desde a mancha inicial de excremento em uma das telas de seu pai até os emplastros pintados sacrilegamente manchados. E as bufonarias escatológicas de Leonardo são conhecidas. . . . A prática da escultura – de um modo mais imediato do que a pintura –, ou seja, a modelagem, está obviamente em contato direto com a analidade, e Giacometti (que não desconhece Freud) está bem ciente disso: "É uma mania como qualquer outra mania a de manipular a argila, sob o pretexto de trabalhar. (Giacometti citado por Laplanche, 1999a, pp. 330-331)*

Para Laplanche, isso corresponde a uma "sexualização secundária". Vejo mais do que isso: uma transposição pulsional que está precisamente no início, na própria origem, da sublimação, na origem do "trabalhar", que envolve uma luta na qual o "sexual" entra em ação (é necessário ir até a exaustão da matéria por meio de sua manipulação, até o ponto de sua destruição), sem a qual a criação não seria possível.

O "trabalhar" na sublimação no caso do poeta

Uma boa análise desse processo complexo é fornecida por Jérôme Thélot (2013) no que ele chama, em relação à poesia, de "o trabalho da prosódia" – um trabalho vivo que, no caso de Baudelaire, também envolve a manipulação da matéria verbal de maneira semelhante à manipulação da argila por Giacometti.

> *Consequentemente, o uso da língua por um poeta se dá no sentido de trabalhar para desestruturá-la, em um trabalho cujos meios não são exclusivamente linguísticos, no qual a afetividade, que não é nada verbal, tem seu papel primordial a desempenhar... (p. 33)*

> *Ao menos parcialmente, a partir de uma prescrição essencialista, a poesia é, então, uma ação de destruição: para que sua clandestinidade emocional permaneça ativa, é necessário desfazer os valores aceitos, torpedear os consensos sociais e descartar o uso econômico dos signos. (p. 32)*

> *Ou, como Bonnefoy escreveu . . .: "Havia a necessidade de destruir, destruir e destruir, havia o fato de que a salvação só existe a esse preço". (p. 32)*

Assim como a manipulação da argila em Giacometti, o manuseio das palavras para Baudelaire envolve:

> *sublinhar palavras, rasuras, retomada de formulações, novos sublinhados de raiva e súplica, exclamações, mudanças de tinta, de folhas, de tons, substituições de maiúsculas por minúsculas, hífens marginais, explosões de impaciência, preocupação com a precisão, pontos de interrupção, desenhos, enquadramentos, supressões, recomeços do início do enunciado... – o trabalho de Baudelaire era terrível. (p. 57)*

E Thélot acrescenta:

> *esse trabalho é idêntico à sua vida, seu levantamento de suas censuras, a superação de seus obstáculos e sua obstinação, agravada pelo sentimento de ser incompreendido, irritado e muitas vezes exausto por enfrentar as facilidades disponíveis, os riscos de obstruir a afetividade com conceitos. (p. 57)*

Aqui Thélot avança um pouco mais: para além da manipulação da matéria sonora das palavras e do trabalho da prosódia, ele aponta o sofrimento, a obstinação, a determinação e o comprometimento de toda a subjetividade nessa luta corpo a corpo com o ritmo e a rima, sem os quais não haverá advento, não haverá surgimento da forma poética que se busca por meio dessa luta com a resistência da matéria à maestria.

É dessa luta, desse confronto entre a subjetividade e a matéria a ser trabalhada, que surge "o fenômeno poético", como Thélot (p. 103) se esforça para "elucidar como um *fenômeno*, uma chegada surpreendente e, às vezes decisiva, uma nova aparição da qual é necessário dizer *como* ela se faz – do lado do poeta –, *como* chega aquilo que resulta em um poema...".

O gênio da inteligência no trabalho

Essa é a essência da inteligência no trabalho; a inteligência do trabalho, ou melhor ainda: o *gênio* da inteligência no trabalho. Assim como o poeta, o trabalhador engajado em sua tarefa só alcança um resultado se aceitar essa luta com o real. O real, ou seja, o que se torna conhecido para ele como resistência à sua maestria, no modo afetivo do fracasso. E quando, à força de suportar o fracasso e de novas tentativas para cumprir a tarefa, de tentativas repetidas e incansáveis, de alterações, de bricolagens, de desvios, de forçar, de rupturas, de retrabalhar, a solução é encontrada, ela emerge como um fenômeno, "uma chegada surpreendente e às vezes decisiva, uma nova aparição", "da qual é necessário dizer *como* ela se produziu" (Thélot, 2013).

O gênio da inteligência mobiliza as duas pulsões discutidas em relação à sublimação em Leonardo: "A libido escapa do destino do recalque ao sublimar-se em 'desejo de saber' e em 'pulsão de pesquisa'"(Thélot, 2013). A clínica do trabalho, no entanto, sugere que essa mobilização da inteligência também envolve uma luta com a matéria, da qual a condição *sine qua non* é a familiarização com a resistência do real, uma familiarização que envolve um "corpo a corpo" com a matéria, a ferramenta ou o objeto técnico, guiada fundamentalmente pelo desejo de um diálogo entre o corpo do trabalhador e a matéria ou o objeto técnico. Contudo, esse diálogo é desigual, porque a matéria ou a máquina não falam. Se não é possível fazê-la falar, é necessário fazê-la reagir. Manipular a pedra até que ela se desfaça em pedaços, testar sua resistência, maciez, dureza e fragilidade. Forçar a velocidade de rotação da máquina até que surjam ruídos estridentes, odores de metal superaquecido e óleo de corte queimado, terminando em um bloqueio repentino, uma imobilização súbita ou o estalo de quebra de um elemento mecânico.

Assim, o corpo, familiarizado com ruídos, odores e vibrações da máquina utilizada em seus limites, será capaz de reconhecer, antes do incidente, que a velocidade precisa ser reduzida ou até mesmo que a máquina precisa ser colocada em repouso para esfriar. O resultado é uma nova habilidade do corpo, que agora sabe como usinar uma peça "de ouvido", na ordem do milímetro... que pode então ser verificado só para garantir, por prudência e de modo discreto. Do mesmo modo, é ao empurrar o avião de caça para uma manobra aérea proibida, no limite da faixa de aceleração, que a aeronave pode suportar, que o piloto faz o experimento de desligar a turbina, ou ainda de colocar em pane seu único motor em pleno voo. Ao mesmo tempo que testa sua aeronave para descobrir seus limites, ele está testando seu "sangue-frio" e a sua capacidade de purgar os circuitos e reiniciar a turbina; enfim, ele testa os limites do seu próprio corpo. Não se pilota um avião com instruções, mas sim "com as nádegas". Todas as atividades profissionais, de metiê, de ofício, desde o trabalho da madeira de um marceneiro até a pilotagem de uma usina nuclear por um trabalhador na sala de controle, envolvem esse contato corpo a corpo com a matéria, a ferramenta e o objeto técnico. A luta e o "corpo a corpo" são organizados como um diálogo com a matéria, cujas características precisam ser, ao menos em parte, esclarecidas.

A matéria não fala, mas reage. Ela reage aos esforços que imponho. E para descobrir como ela reage, preciso remexê-la e manipulá-la incansavelmente, às vezes, procurar seu ponto de ruptura, para que, no final, essa intimidade seja formada; "habitado" por ela, eu me apropriei dela. À minha medida, em meu próprio corpo, em minhas próprias capacidades, em meus próprios limites. Se a noção de subjetivação tem algum sentido, ele só pode estar nessa relação com a matéria, em um "corpo a corpo" com ela, quando essa matéria finalmente se torna habitada pela vida.

Inteligência no trabalho e "corpropriação"

Michel Henry (filósofo) denomina esse processo de conquista da matéria pela vida de "corpropriação". Para ele, isso é o que está no cerne do "trabalho vivo", sem a qual não pode haver produção, nenhuma *poièsis* seria possível. A corpropriação da materialidade do mundo pelo trabalho agrícola assim como pelo industrial e, além disso, por todo trabalho, incluindo atividades de serviço e o trabalho do artista, do qual a poesia e o trabalho sobre a prosódia talvez sejam o modelo mais improvável e mais refinado.

A corspropriação, então, só se realiza na medida da familiarização e da intimidade entre o corpo subjetivo e a resistência que o real opõe ao seu esforço (o que remete ao "fato primitivo" do "esforço sensível" e à "apercepção mediata externa", conceitos-chave de Maine de Biran, de quem Michel Henry [1987, pp. 71-100] se fez um entusiasmado intérprete). A clínica do trabalho mostra que essa luta prolongada com a resistência e a reatividade da matéria não é apenas um "corpo a corpo". Eu falava de diálogo, embora um diálogo desigual, porque, nessa palpação do mundo pelo corpo, temos de reconhecer o lugar eminente que pertence à fantasia. Uma fantasia que trata a matéria como se fosse um ser vivo, uma espécie de fantasia "animista", sobre a qual Freud tanto comentou nos "primitivos" e nas crianças. Portanto, a pulsão de saber (*Wisstrieb*) e a pulsão de pesquisa (*Forschertrieb*) só podem se tornar efetivas, em termos concretos, se o trabalhador for capaz de regredir a essa trama fantasiosa e animista da primeira infância. Com a particularidade de que não se trata aqui de ceder à inclinação de se deixar levar pelo pensamento mágico e pelos medos infantis, mas para orientar a fantasia – o *phantasieren* – no caminho da domesticação. Seu modelo seria o da relação entre um criador e seu gado. A fantasia animista que organiza o processo de corpropriação da matéria consiste, em última análise, em tratar a matéria como um animal a ser domesticado.

O que chama a atenção é que essa fantasia fala alto, ela se expressa. É assim que o trabalhador fala com sua máquina, levando-a ao limite e incentivando-a com sua voz: "Vamos, avance! Novamente... você vai se mexer ou não? Preguiçosa!". Por outro lado, ele também pode insultá-la facilmente, chamando-a de "vadia", "vagabunda", "escória" ou "vaca"; "você não vai me vencer", "Quem diabos você pensa que é", "Ah, você pensou que ia me foder, não é?". Ele também pode detestá-la, odiá-la e, às vezes, até mesmo agredi-la em um acesso de raiva pela resistência que ela impõe ao se recusar a reiniciar, ou quando ela trava ou quebra em um momento crítico, ou simplesmente porque se desregula reiteradamente. Ele também pode provocá-la, levá-la ao limite, procurar seus pontos de ruptura gritando ou fechando os olhos, com medo de ir ao limite, sob o risco de um acidente, uma explosão, superaquecimento ou destruição de uma peça-chave.

Por outro lado, ele também pode conversar com ela gentilmente, persuadi-la, elogiá-la, acariciá-la e ter prazer em desmontá-la, limpá-la, fazê-la brilhar com um pano de polimento, ouvi-la... ronronar. O *phantasieren* animista é tão erótico e sensualmente carregado quanto as pulsões que estão na sua origem. E, pelo fato de mexer nela, manipulá-la, provocá-la, lubrificá-la, limpá-la e acariciá-la, o trabalhador acaba amando sua máquina. A ponto de lhe dar um pequeno nome: a Lison, como Lantier chamava sua máquina a vapor em *A besta humana*, de Zola, fornece uma ideia.

Amar a máquina é amar sua resistência, mas também suas fragilidades, suas falhas, na proporção do sofrimento que teve de ser suportado para corpropriá-la. Da mesma maneira, o carpinteiro acaricia a madeira antes de "trabalhá-la", o pedreiro com seu seixo, o fazendeiro com seu cavalo de arado, o pianista com seu instrumento, o fisioterapeuta com o corpo do paciente, Giacometti com a argila, Baudelaire com a prosódia: brincar com todos esses registros fantasiosos que se diferenciam entre o prazer da destruição, o júbilo da maestria e a ternura do amor na relação com a matéria.

Corpropriação e remodelagem do corpo

Para fazer justiça à sexualidade e à fantasia no processo de subjetivação – a corpropriação do mundo – é necessário que olhemos além da regressão animista. A fantasia, que dá à inteligência do corpo seu gênio, também envolve seu poder de se libertar por um tempo do pensamento racional, do raciocínio, do conhecimento, da ciência e da técnica. A fantasia também é o que me libera não apenas dos constrangimentos da prescrição, do procedimento ou das instruções, mas também eu brinco com essas prescrições, enganando-as; permitindo-me ser provocador, impertinente, transgressor, infrator, destrutivo. Por fim, a fantasia é o que dá a toda essa gama de desvios da norma a textura de uma experiência irredutivelmente singular e individual, como nenhuma outra. O gênio da inteligência do corpo pertence apenas àqueles que o adquiriram à custa de seu próprio sofrimento e persistência, ou mesmo de sua própria coragem em experimentar a resistência do real. Cada gênio é único para cada sujeito em sua história. Além da regressão infantil e da vocação fundamentalmente subversiva que caracterizam a fantasia animista, em que consistem as transformações do corpo? A corpropriação não é apenas uma maneira – de fato, a única maneira – de habitar o mundo. Em troca, ele transforma o próprio corpo.

À sombra da formação de uma nova habilidade, o corpo precisa se submeter a um processo formidável, uma vez que se trata da passagem por uma transformação genuína. Ao final dessa transformação, o Eu terá acesso a novas destrezas do corpo que antes eram desconhecidas ou impossíveis. Para conseguir isso, o trabalhador, movido pela pulsão de saber (*Wisstrieb*), deve concordar em se permitir ser completamente habitado pelo enigma do real da matéria. Habitado, invadido, ocupado, preocupado até o ponto da obsessão pela resistência da matéria ou do objeto técnico. Até o ponto de ter insônias. A ponto de se sentir impotente para lutar contra o humor massacrante que se apodera dele e logo envenena a vida de sua família; a ponto de sonhar com isso à noite.

Aqui entra em jogo uma etapa determinante: sonhar. Quando o sonho sucede à *fantasia*, quando a regressão formal e o trabalho do sonho transformam, na obscuridão da noite, o modo como o corpo é vivenciado e mobilizado, é porque o aparelho psíquico está processando os pensamentos latentes provenientes da relação com o real, sendo este percebido como uma mensagem enigmática para o pré-consciente. Esse processo sutil, porém comum, pode ser legitimamente chamado de "perlaboração pelo sonho" da experiência do corpo na confrontação com a real. Trabalho dos sonhos: *Traumarbeit*. Perlaboração: *Durcharbeitung*. O trabalho em questão aqui não é diretamente o trabalho de produção (*poièsis*). Agora é o momento de um trabalho de si sobre si: *Arbeit*, cujo significado primordial para a clínica do trabalho é sua ocorrência no termo *Arbeitsanforderung* – exigência de trabalho. A corpropriação é a etapa inicial do processo que leva da experiência do mundo à exigência de trabalho específico da pulsão: esta última é "a medida de exigência de trabalho imposta ao psiquismo devido a sua relação com o corporal" (Freud, 1915/2012, p. 66). A *poièsis* envolve a formação de novas habilidades, à sombra desse processo se desenrola a perlaboração que dá ao corpo o gênio de sua inteligência.

Do ponto de vista da teoria da psicodinâmica do trabalho, só pode haver trabalho de qualidade se houver trabalho em dois momentos: o primeiro é a experiência do fracasso na luta com o real da matéria. A persistência ante o fracasso é o cerne da produção de uma obra ou de uma obra de arte – esse é o trabalho como *poièsis*. O segundo momento envolve o trabalho de si sobre si mesmo, levando a uma transformação do corpo por meio da perlaboração – esse é o trabalho como *Arbeit*. Para o teórico do trabalho, esses dois momentos são o que o fenomenólogo designa de "corpropriação". E são esses dois momentos que, para o teórico do trabalho, estão na raiz da sublimação, que é, de fato, o cerne de todo trabalho, desde que ele faça parte de um metiê, ou seja, uma atividade sujeita a regras (regras de metiê, regras da profissão, regras do ofício, regras da arte).

Qual corpo?

Ainda é preciso esclarecer de que corpo estamos falando quando nos interessamos pelo gênio da inteligência e pela corpropriação. Esse corpo não é o corpo biológico. É um segundo corpo, derivado do primeiro por meio da "subversão libidinal" (Dejours, 2019):[14] o *corpo erógeno*. Em última análise, é esse segundo corpo que traduz

14 Ver também Dejours (2001/2018).

o enigma da mensagem implicada. O corpo no trabalho nunca é e jamais será apenas o corpo fisiológico, mesmo em tarefas que envolvem uma carga física importante, desde o carpinteiro que lida com vigas, treliças e aparadores até o piloto de caça que deve ser capaz de suportar acelerações de vários g. O gênio da inteligência no trabalho é conferido a ela pelo corpo erógeno, e seu crescimento e desenvolvimento pela perlaboração da experiência do real da matéria a ser trabalhada. Estamos falando aqui de uma segunda chance para a construção do corpo erógeno que, devido a sua analogia com a "subversão libidinal", pode ser designada pelo termo "subversão poiética" do corpo fisiológico.

No decorrer da luta com o real, a transformação do corpo erógeno se traduz não apenas no surgimento de novas habilidades, mas também no advento de novos registros de sensibilidade. Por meio do trabalho com ritmos e rimas, o poeta ouve uma prosódia na poesia de outro que não é aparente para o leigo. O mesmo se aplica para o carpinteiro, que sabe como examinar uma peça de mobília pelo olhar e pelo tocar, de onde extrai impressões e conhecimento não apenas com relação à maestria intrínseca, mas também do trabalho que foi feito nela pelo artesão de outrora. E o mesmo poderia ser dito do psicanalista em sua relação com essa matéria estranha que constitui as transferências (não mais estranha, entretanto, do que a prosódia é para o poeta). Esses novos registros de sensibilidade nada mais são do que um crescimento da subjetividade e do poder do corpo de experimentar a si mesmo e de experimentar a vida em si. Um crescimento de si da vida em seu enlace com a matéria a ser trabalhada. Um crescimento que é, sem dúvida, o prazer inigualável de um desenvolvimento não apenas na inteligência por meio do trabalho, mas, em contrapartida, o prazer de um crescimento no amor de si (autoestima).

Deixei deliberadamente a questão da mensagem para o final desse percurso, uma vez que ela, indubitavelmente, ordena o conjunto do processo. Ao trabalhar a argila, a pedra, a madeira, a cor, os instrumentos musicais, os aviões de caça ou com o aço incandescente que escoa do alto-forno, novas formações de compromisso são produzidas pela pulsão de saber e pela pulsão de pesquisa que emergem. Em outras palavras, toda obra, ou cada trabalho para produzi-la, cada produção de qualidade é potencialmente uma nova tradução da mensagem enigmática. Mais precisamente, daquilo que da mensagem inicial do adulto não pode ser traduzido pela criança, do que permanece não traduzido, então recalcado.

Incluído no inconsciente, é exatamente isso que retorna: o retorno do recalcado na forma de pulsão para compreender e de pulsão de pesquisa que assume a forma de um desejo de trabalhar (*orexis*) que confere à perseverança a força para lutar com a matéria até que surja uma obra de produção que constitui, como toda obra e todo trabalho sobre ela, uma retradução do que, na mensagem inicial de sedução pelo adulto, permaneceu arredio à tradução.

Também é nesse resultado que reside o poder do trabalho para aportar uma contribuição ao narcisismo que pode, então, não apenas resolver um enigma originado na infância, mas mobilizar uma vida inteira em uma obra que também é realização de si, sentido implícito e principal do conceito de narcisismo. A psicodinâmica do trabalho sugere que a sublimação não é exclusividade dos "grandes homens", para os quais Freud reservou esse potencial excepcional. Muito mais difundida do que ele pensava, é uma característica de todo trabalho, de metiê.

Além disso, a análise apresentada aqui não abrange toda a relação entre trabalho e sexualidade. O trabalho não pode ser reduzido à relação entre o indivíduo e o real da matéria. Essa relação, por sua vez, está envolvida em vínculos complexos com o outro, em todas as dimensões da cooperação horizontal, vertical e transversal que têm um grande impacto sobre o narcisismo. O corpo também está implicado na maestria no que diz respeito às relações sociais no trabalho. Em todo caso, qualquer que seja a natureza do trabalho considerado, devemos primeiro analisar a relação subjetiva individual com a materialidade da tarefa, porque essa relação subjetiva está sempre na raiz do trabalho vivo.

Os riscos do trabalho antissublimatório

Deve-se ressaltar, entretanto, que essa dinâmica de sublimação e suas implicações narcísicas não se aplicam a todo trabalho ou a toda atividade – longe disso. Pois nem todas as organizações de trabalho autorizam o trabalho como obra. O taylorismo era uma máquina de guerra contra o trabalho enquanto obra. E, desde 1980-1990, novos métodos de organização, de gestão e de gerenciamento obscureceram ainda mais o mundo do trabalho, condenando uma grande quantidade de trabalhadores a tarefas que podem ser caracterizadas como antissublimatórias. Esses novos métodos ameaçam os humanos de serem despojados da promessa que o trabalho ainda continha: o de ser um mediador da realização de si. Sob o ditame dos números, do desempenho quantitativo, dos contratos por metas, da padronização e da normalização generalizadas, todos nós estamos ameaçados de sermos reduzidos a uma ocupação, a um atarefamento, a um ativismo, a uma autoaceleração e a uma servidão que são inimigos da sublimação.

Submetido a essa severa provação, o narcisismo emerge mortificado, mesmo nos mais robustos entre nós, com o espectro de patologias de sobrecarga e doenças somáticas no horizonte, por um lado, o sofrimento ético e o suicídio, até mesmo no local de trabalho, por outro. Essa clínica sinistra está entrando no consultório de todos os psicanalistas e, acredito, nos incita a retomar sob novas perspectivas a análise das modalidades contemporâneas do "mal-estar na cultura", dando o devido lugar à elucidação, em nossos pacientes, dessas relações entre a subjetividade, o inconsciente, o corpo e o trabalho, e da maneira como elas surgem, desfiguradas ou ampliadas.

2. A sublimação e seus inimigos

Da loucura da norma ao sofrimento ético

Efetivamente hoje há uma paixão da norma. Uma paixão pela norma. E se, como Nathalie Zaltzman (1998) argumenta em *De la guérison psychanalytique*, há uma necessidade de distinguir a loucura da psicopatologia, então temos de reconhecer que vivemos em uma época de loucura da norma. Uma paixão que tomou conta das elites em todo o mundo, uma paixão cujas consequências não poupam ninguém, nem mesmo os psicanalistas. E isso tem um preço alto. Pois a paixão pela norma que as elites propagam tem um preço não desprezível em termos de sofrimento e patologia para aqueles que se submetem. E, no entanto, entre os promotores e as vítimas da norma, devemos abrir um espaço significativo para aqueles que a ela se adaptam sem parecerem particularmente perturbados.

Antes de tentar entender por que a loucura da norma desencadeia o prazer do primeiro, ameaça o segundo com uma crise psicopatológica e deixa o último livre para escolher a bela indiferença, talvez devêssemos primeiro esclarecer o que se entende por norma.

Na estatística, assim como na biologia, a norma se refere às leis da natureza, como o ciclo das estrelas ou a regulação dos níveis de açúcar no sangue; às leis que residem no mundo celestial. O jurista nos adverte a esse respeito:

> *A inversão do reinado da lei em proveito da governança pelos números faz parte da longa história do sonho da harmonia por meio do cálculo, cujo último avatar – a revolução digital – domina a imaginação contemporânea: esse imaginário cibernético nos leva a pensar na normatividade não mais em termos de legislação, mas em termos de programação. (Supiot, 2015, p. 23)*

Em contraste, a norma no mundo sublunar, o mundo estudado pela sociologia e pela psicopatologia, refere-se a leis imanentes construídas e instituídas pelos seres humanos. A norma é, portanto, variável e dependente da história de cada povo.

"Onde a lei [instituída] 'reina soberanamente', ela constitui uma instância heterônoma que é imposta a todos, e essa heteronomia *é a condição primordial* para a *autonomia* desfrutada pelas pessoas que vivem sob seu domínio", escreve Alain Supiot; ele continua:

> *Essa configuração normativa é a mesma da instituição da linguagem. Para poder se expressar livremente, cada locutor deve se submeter à lei da língua em que fala. Temos de obedecer às regras impessoais que referem certos significantes a certos significados para obter a autonomia de pensamento e expressão que vem com o domínio dessa linguagem. É com essa condição que podemos acessar o universo reflexivo das linguagens naturais, ou seja, um universo no qual podemos nos observar e falar nessas linguagens sobre as regras que nos governam. (Supiot, 2015, pp. 243-244)*

Levar o argumento de Supiot ao limite nos conduz ao exame das condições que possibilitam a linguagem poética, como escreve Jérôme Thélot (2013),

> *o trabalho poético é agora entendido como sendo nada mais do que o de ser humano, nada mais do que o de exercer essa* tradução, *de fazer essa* tentativa *e de encontrar esse* problema – *o problema de verificar os dois locais da condição humana um através do outro, a vida e o mundo; sofrer essa contradição e suportá-la, dotá-la de significado, musicalizá-la e levá-la à consciência de si, provocá- la e, assim, recriá-la. Passar sua vida a falar, sem fazer nada além da humanidade do homem, para inventar a humanidade, é o* trabalho *dos poetas. (p. 117)*

Se evoco a poesia, que em essência se rebela contra qualquer normalização, é porque ela, no entanto, luta com o real em uma tentativa de expressar a verdade subjetiva. Seu esforço [o de Bonnefoy] será, portanto, definir uma postura justa que leve em conta os aspectos contraditórios da experiência humana, que responda à própria divisão de sua personalidade, que ele mesmo diz estar presa "entre uma espécie de materialismo inato" e "uma preocupação inata com a transcendência", que seja capaz de assumir a contradição que é "a fatalidade do real" (Maulpouix, 2005). A experiência poética se dá por meio de um exercício espiritual: a poesia, em vez de fugir da quimera, gostaria de se propor como uma iniciação à própria realidade. Jean Starobinski definiu essa poesia como uma "escatologia ateísta" (Maulpoix, 2005). Há, portanto, uma normatividade inerente ao gesto poético, uma vontade de "servir à causa do verdadeiro, de modo radical", como Bonnefoy também escreveu, citando André Beetschen (2011, p. 132).

A interação incessante entre o real, a linguagem, a poesia e a norma, eu a coloco aqui porque ela me parece indissociável desse desafio que inevitavelmente surge quando nos aproximamos da loucura da norma, a saber: as condições sob as quais a subjetividade pode advir a si mesma (Henry, 1987), pois Maine de Biran foi o primeiro a mostrar que é por meio do *esforço* que a vida subjetiva se revela a si mesma: *Volo, ergo sum, ergo cogito*.

> *A vida da qual falamos . . . não deve ser confundida com o objeto de um conhecimento científico, objeto cujo conhecimento é reservado àqueles que o possuem e tiveram de adquiri-lo. . . . Pois a vida se sente e se experimenta a si mesma de modo que não há nada nela que não se experimenta e não se sinta. E isso ocorre porque o fato de se sentir si mesmo é precisamente o que a torna vida. Portanto, tudo o que contém essa maravilhosa propriedade de sentir a si mesmo está vivo, enquanto tudo o que não tem essa propriedade não passa de morte. A pedra, por exemplo, não se experimenta a si mesma; dizemos que ela é uma "coisa". As plantas, as árvores e a vegetação em geral também são coisas, a não ser que consigamos fazer emergir nelas uma* sensibilidade *no sentido transcendental, ou seja, a capacidade de experimentar a si mesmo e de se experimentar a si mesmo, o que as tornaria seres vivos – não mais no sentido da biologia, mas no sentido de uma vida verdadeira, que* é a vida fenomenológica absoluta, cuja essência consiste no próprio fato de se sentir ou de se experimentar a si mesmo e nada além – *o que chamaremos ainda uma subjetividade. (Henry, 1987, pp. 15-16)*

Só discutiremos aqui sobre a norma no sentido de uma construção humana, porque não pode haver loucura da norma no mundo celestial. No mundo celestial, a norma é e sempre permanecerá idêntica a si mesma, imutável e inamovível. O mesmo não pode ser dito das normas humanas, que podem variar, mas, em alguns casos, também podem derivar para uma loucura da norma.

A normatividade e a normalização indicam dois vetores da norma. Normatividade é a capacidade dos seres humanos de estabelecer acordos entre si sobre o significado de palavras, atos e condutas. É a propriedade sobre a qual se constrói a capacidade dos seres humanos de se entenderem e viverem juntos, uma propriedade sem a qual haveria apenas uma Torre de Babel e o recurso generalizado à violência para tratar os conflitos que surgem entre eles. A normalização, por outro lado, é o uso de todos os tipos de técnicas para domesticar ou constranger as condutas humanas a se adequarem às normas estabelecidas.

Portanto, há uma ambivalência em relação à norma instituída. Ela pode gerar o melhor, a convivência, mas também pode levar ao pior quando não atua mais como ponto de referência para a deliberação, mas como um ditame a serviço da tirania.

Normalidade em questão

Portanto, devemos questionar a "normalidade" em nosso campo específico, o da psicopatologia. Freud começou com um interesse pela psicopatologia, pela neurose, e foi com base em uma investigação etiológica, entendida como uma controvérsia com Charcot, assim como com Mesmer, Janet ou Breuer, que ele identificou a origem sexual da neurose histérica. Em segundo momento, ele desafiou a distinção entre patologia e o que podemos considerar "normal", não apenas em sua interpretação dos sonhos, mas de modo ainda mais radical em seus escritos sobre sexualidade, por exemplo, na XV Palestra Introdutória sobre Psicanálise, em que mostrou como a perversão está aninhada no próprio princípio da sexualidade humana.

Contestar a existência de uma fronteira estável daquela com a perversão, não significa afirmar que Freud construiu uma teoria da normalidade. Não se encontra na sua obra uma teoria a respeito, assim como não se encontra uma sobre o amor, a memória ou a inteligência. Freud estava interessado no que seria obstáculo para a normalidade (neurose), o amor (culpa ou frigidez), a memória (amnésia ou distorção da memória) e a inteligência (inibição intelectual). A psicanálise marca a ruptura definitiva com a psicologia, entendida no sentido de Politzer (1968), ou seja, com o que esse autor estigmatiza como psicologia abstrata.

Mas será que a loucura da norma, uma vez que se trata efetivamente de uma característica deste século, não é um convite para revisitarmos a questão do que seria considerado como normal em termos metapsicológicos? Na época da minha formação, quando a discussão estava em pleno andamento com a antipsiquiatria de Ronald Laing e David Cooper na Inglaterra, a psicologia política de Franco Basaglia e Giovanni Jervis na Itália, a crítica de Michel Foucault ao asilo e à lei de 1838 e a esquizo-análise de Félix Guattari na França, havia uma forte tendência a reabilitar o gênio da psicose e da perversão. Em contrapartida, havia a ideia de que a pessoa normal não passava de um cretino social, atolado no conformismo pequeno-burguês. Na época, o normal tendia a ser confundido com o resultado lamentável de uma submissão às técnicas de normalização. Entre elas, a psicanálise foi denunciada por pensadores críticos como uma técnica não apenas de adaptação, mas ainda mais como uma técnica de subjugação centrada na extorsão de confissões. Ao cretino social normal estava preconizada a dessubjetivação como o caminho real para a emancipação (Foucault, 1976-1984).

Portanto, a normalidade não deve ser reduzida a essa caricatura de conformismo simplório. Ao contrário das definições repetidas incessantemente pela Organização Mundial da Saúde (OMS), a saúde não é um estado de bem-estar físico, mental e social. Na verdade, a saúde não existe. E certamente não é uma dádiva da natureza. Sem os refinados artifícios da ajuda e assistência de outras pessoas, todos nós, como tributo à natureza, morreríamos algumas horas ou alguns dias após nosso nascimento. E, apesar desses bons cuidados, chegamos à idade adulta com inúmeras doenças, olhos vesgos, dentes podres, alergias, insônia, dores de cabeça, dores lombares, micose e cistite, angústias e fobias...

A saúde não existe. Portanto, não é um "estado". É um ideal, sempre inatingível. Na melhor das hipóteses, podemos aspirar a um compromisso menos prestigioso e menos decorativo, que nada mais é do que a "normalidade". Deve-se enfatizar ainda que esta também não é uma dádiva da natureza. Ela é conquistada à custa de uma luta constante contra os riscos de doenças físicas, com tudo o que isso implica em termos de higiene e de dietética, e contra os riscos de descompensação psicopatológica, com tudo o que isso implica em termos de capacidade de lidar com conflitos e estabelecer compromissos; primeiro consigo mesmo, depois com os outros e, finalmente, com o mundo. O mundo é entendido aqui no sentido arendtiano do termo, ou seja, o mundo aberto à pluralidade dos homens, mas com a sua variante trágica que nos assombra desde a Shoah, a saber, o "deserto", o mundo da solidão ou da "desolação", de *loneliness* (Arendt, 1951/2005). E, apesar dos talentos, até mesmo do gênio, de cada um de nós, nessa luta para preservar a normalidade, no final perdemos a partida e todos morremos de uma doença, de um acidente ou de uma guerra.

Se enfatizo o enigma da normalidade, é para sugerir que, na abordagem analítica, a questão que me preocupa talvez não seja tanto a da origem dos sintomas somáticos ou psiconeuróticos dos quais o paciente se queixa, mas sim entender como ele emprega seu esforço ou como se perde em sua luta para afastar as muitas forças que o impedem de se realizar e o empurram para a patologia. As forças que, em primeiro lugar, vêm do inconsciente, mas também as que vêm de fora, inclusive as que procedem da loucura da norma.

Normatividade e normalização nos cuidados psiquiátricos

Voltemos à norma instituída. Como é possível que a norma socialmente instituída, cujo papel de referência pode ser tão fértil na luta pela normalidade, pode se transformar em um flagelo destrutivo? Parece-me que a norma estabelecida não tem virtude em si mesma. A normalidade, entendida aqui primeiramente como uma referência compartilhada, mas também como um processo de construção de acordos entre humanos – acordos normativos – em seguida, revela seu poder estruturante sob a condição de que possa ser objeto de um processo de apropriação individual. Para se beneficiar do poder emancipatório da norma, o sujeito deve encontrar espaços onde possa dar sua contribuição para a discussão e negociação dessa norma, ou seja, onde possa se envolver em deliberação normativa com outros. É fazendo uma contribuição para a normatividade que o indivíduo se apropria da norma. A loucura da norma começa quando esse espaço de negociação encolhe até o ponto de ser cancelado. A norma então se volta contra o sujeito, tornando-se uma injunção a ser obedecida. Esse é o início do reinado da normalização.

Sem dúvida, podemos procurar e, talvez, identificar em nossos pacientes vários cenários nos quais se desenrola e, eventualmente, se engaja a dinâmica da normatividade. Isso pode acontecer em situações cotidianas, como a negociação de benefícios com empresas de seguro, com o sistema de previdência social ou com a agência central de empregos, com hipermercados ou empresas de telefonia celular; ou ainda em questões judiciais ou negociações com a administração pública. Na maioria das situações em que se é cliente, envolvido em um relacionamento de serviço, há uma margem para negociação, nesses casos em que as dimensões da normatividade estão em jogo. Contudo – pelo menos é o que a clínica sugere –, uma das esferas em que essa dinâmica da normatividade é inevitavelmente colocada em jogo é a esfera do trabalho profissional. Sem dúvida é na relação subjetiva com o trabalho que podemos compreender melhor a maneira pela qual, por vezes, a normatividade se apodera a tal ponto que se torna normalização, com sua cascata de consequências.

A análise do cuidar, sob a perspectiva da *teoria do cuidado*, abriu uma verdadeira brecha no campo da ética, começando com o trabalho de Carol Gilligan (1982/2008). O *cuidado*, e tudo o que ele implica em termos de proximidade com a fragilidade, a vulnerabilidade, a debilidade e a angústia dos outros, enfraquece a dimensão geral ou universal da regra moral em favor não apenas da abertura de espaço para a exceção e a singularidade de cada caso, mas também de uma mudança de foco: a "razão pura" prática e teórica deve, às vezes, dar lugar a outro "ponto de vista" alimentado pela experiência prática do *cuidado*. Assim, uma ética do *cuidado* emerge gradualmente, em outras palavras, uma ética que coloca a primazia da responsabilidade singular – em relação ao outro como uma pessoa singular – contra a primazia do ideal de justiça "des-singularizada", uma oposição também entre, de um lado, a concretude da referência ao cuidado e, de outro, o ideal universal de justiça.

Essa é uma virada particularista no campo da ética.

> *Em primeiro lugar,* a ética do cuidado *se concentra em conceitos morais que são diferentes daqueles da ética da justiça. Em segundo lugar, essa moralidade está ligada a condições concretas, em vez de ser geral e abstrata. Dessa maneira, ela está ligada ao que poderíamos chamar de uma virada particularista na filosofia moral. (Laugier, 2009, p. 160)*

Em nome de princípios propalados como justos e igualitários, procede-se, em todos os lugares, à padronização, ou melhor, à normalização dos cuidados. A pretensão dessa padronização é oferecer a mesma qualidade de serviço a todos, em todos os lugares. Porém, a normalização está em contradição com a ética do *cuidado*, que, como vimos, se sustenta no lado do particularismo. Em segundo lugar, ela vai contra a arte médica e as implicações epistemológicas e filosóficas de todo o conhecimento acumulado pela medicina e pela psiquiatria com relação às patologias somáticas e mentais nos últimos 2.500 anos, como Julien Dumesnil (2009) demonstrou de modo magistral. Por fim, essa normalização está em contradição direta com a economia de serviços, ou seja, com as características econômicas específicas das atividades de serviços. A padronização tem certa relevância no campo da produção industrial, da produção em série e da produção em massa, mas ela é incoerente com a natureza específica das tarefas de serviço, cuja racionalidade interna, ao contrário, se baseia na personalização e na adaptação do serviço a cada beneficiário. É por isso que a padronização defendida em nome da justiça e da objetividade (da avaliação de desempenho) conduz inexoravelmente à deterioração dos cuidados dispensados pelas instituições públicas ou privadas.

A essa padronização devem ser acrescentados todos os procedimentos de acreditação e certificação inventados, na França, pelos gerentes da Alta Autoridade de Saúde (HAS) e das Agências Regionais de Saúde (ARS), a avaliação de desempenho individualizada, a tarificação por atividade (T2A), a revisão geral das políticas públicas (RGPP) e, em seguida, a Nova Gestão Pública (*New Public Management* – NPM). Esses procedimentos exercem um controle burocrático e esmagador sobre os profissionais de saúde, criando uma carga de trabalho suplementar e infinitamente crescente que compete com o próprio cuidado, degradando a sua qualidade e a sua segurança, em todos os lugares.

A cooperação sob ameaça

Além da formação de habilidades em nível individual, é necessário harmonizar as práticas entre os profissionais engajados na prestação do serviço, caso contrário, há um risco de inconsistência que pode afetar negativamente a sua qualidade. No setor do cuidado, essa confrontação é obtida por meio da organização de reuniões das equipes, em discussões, sínteses, reuniões de departamento, que reúnem todos os membros de uma equipe do cuidado, desde o pessoal da limpeza até o médico-chefe. Essas reuniões são espaços de deliberação, em que os profissionais de saúde são convidados a comparar seus pontos de vista sobre o *modus operandi*, com o objetivo não apenas de promover o "retorno da experiência", mas também de chegar a acordos entre os cuidadores sobre um curso de ação a ser seguido em conjunto por todos os membros da equipe.

Esses espaços de deliberação, portanto, dizem respeito à prática, à ação, à atividade concreta de cada um. A deliberação, em cada caso, se concentra em um paciente específico ou em uma determinada pessoa que tenha demência. A deliberação voltada para o acordo pode ser bem-sucedida se, além das situações específicas em discussão, houver uma referência compartilhada na equipe com relação à concepção sobre o que seria o trabalho de cuidado: a doutrina dos cuidados paliativos (Pujol, 2020), a tradição da psicoterapia institucional etc.

O espaço de deliberação é a condição *sine qua non* para a construção de regras de trabalho e regras profissionais (de metiê) próprias de cada equipe de cuidado. Essa atividade de construção de regras, denominada *atividade deôntica*, leva a um aumento da competência coletiva, em outras palavras, à formação dessa inteligência coletiva que designamos teoricamente sob o termo de *cooperação*. Como resultado, cada equipe adota gradualmente regras que diferem daquelas elaboradas por equipes de cuidado que trabalham em outros serviços ou instituições. A atividade deôntica produz regras que dependem das personalidades, da experiência e das especificidades dos cuidadores, por um lado; e das particularidades dos tipos de doentes ou ainda das crianças que estão sendo atendidas, por outro; bem como da doutrina de referência. Essas regras de trabalho são, portanto, diferenciadas, e aqui encontramos outra modalidade de trabalho singularizado, incompatível com a padronização do cuidado.

Além disso, podemos mostrar que todas as regras de trabalho produzidas nesses espaços de deliberação consagrados à cooperação são sempre regras técnicas (relacionadas à eficácia do cuidado) e regras de convivência (relacionadas à pluralidade de cuidadores), porque trabalhar não é apenas produzir cuidado ou serviço, é também viver-junto. Aumentar as habilidades coletivas da equipe cuidadora é, portanto, um meio poderoso de melhorar a qualidade do cuidados aos pacientes e, ao mesmo tempo, de superar o sofrimento dos trabalhadores por meio da participação na obra comum e o prazer de um trabalho bem-feito. É exatamente disso que a Nova Gestão Pública, em sua própria doutrina, quer se livrar. O objetivo é acabar com a cooperação, que ela denuncia como um álibi usado pelos medíocres para escapar da responsabilidade de cada um. A proposta da Nova Gestão Pública é lidar apenas com indivíduos, não com equipes, nem com coletivos.

Estratégias de defesa contra o sofrimento

Quando a dinâmica da cooperação baseada no espaço de deliberação e a atividade deôntica deixam de funcionar, o sofrimento dos cuidadores não pode mais ser transformado em prazer. A inteligência coletiva (cooperação) muda de rumo e investe na construção de estratégias de defesa na tentativa de controlar o sofrimento.

Essas estratégias são diferentes para cada metiê. As estratégias coletivas de defesa são específicas para a organização do trabalho e o sofrimento que ela engendra. Por exemplo, os cirurgiões têm estratégias específicas de defesa coletiva que não são as mesmas dos profissionais emergencistas. As enfermeiras constroem estratégias de defesa coletiva que não são as mesmas que as das assistentes sociais.[15]

---

15 Veja o trabalho de Pascale Molinier (2000) e Dominique Dessors.

As assistentes maternais/cuidadoras de crianças pequenas (Esman-Tuccella, 2002) não desenvolvem as mesmas estratégias que as auxiliares de enfermagem que trabalham em casas de repouso (Gernet & Chekroun, 2008), e assim por diante.

O aspecto mais grave desse triunfo dos métodos introduzidos pelos gestores é que, à sombra da normalização do cuidado, não apenas a qualidade do cuidado se deteriora, mas os cuidadores são frequentemente levados a participar de práticas desrespeitosas e indignas, marcadas pela violência contra pacientes e crianças. Por exemplo, Isabelle Gernet e Florence Chekroun mostraram um caso em que, devido à falta de pessoal de cuidados, as auxiliares de enfermagem chegavam a alinhar idosos completamente nus uns ao lado dos outros para administrar uma ducha coletiva usando um jato de água. Como os idosos precisam ser alimentados e o prazo é muito curto, é mais fácil tapar o nariz com uma mão para fazê-los abrir a boca, enquanto a outra mão é usada para enfiar o purê goela abaixo. Pentear sistematicamente mulheres dementes fazendo com o cabelo uma bola no topo da cabeça é um gesto comum entre os cuidadores que se envolvem no que Pascale Molinier (2000) descreveu como "Kaporalismo".

Como resultado, muitos cuidadores, tanto em casas de repouso quanto em serviços de emergência, são levados a apoiar atos e práticas que seu senso moral desaprova. Isso abre o temido campo do "sofrimento ético", que consiste, antes de mais nada, em trair as regras das profissões de cuidados, bem como a deontologia; e, além disso, ter a experiência de ceder com relação a princípios e valores, ou seja, em última análise, *trair a si mesmo*.

Aqui estamos nos antípodas da sublimação, precisamente na medida em que ela envolve um jogo sutil com o ideal e sua dimensão ética. É por meio do sofrimento ético que as patologias depressivas se multiplicam e, ainda mais, que os suicídios ocorrem, até mesmo no local de trabalho, entre enfermeiros, gestores das equipes de cuidados e médicos.

Uma história clínica

A sra. Firmness tem 58 anos de idade. Ela está em uma situação difícil e não vê saída no momento. Está afastada do trabalho há dois meses após um incidente cardíaco. Ela acha que o problema pode estar relacionado ao seu trabalho. Diz que pode ter "somatizado". (A paciente já está em psicanálise há doze anos.) Ela não está me pedindo para encontrar uma solução para seus problemas, mas se sente deprimida e, às vezes, tem até pensamentos suicidas. Sua vida não tem mais sentido. E talvez seja hora de encerrá-la. Por outro lado, ela está muito interessada em revisitar seu passado, especialmente a memória de seu pai, a quem ela sempre reverenciou. E, quando ela fala sobre ele, parece melhorar de humor.

Ela estava muito ocupada com sua atividade profissional, à qual se dedicava com paixão e que continua a exercer até hoje. Então, qual é a profissão dela? Ela é psicóloga, assalariada em um estabelecimento de cuidados psiquiátricos. Sua orientação é inequivocamente psicanalítica. Ela fez várias supervisões. Acompanha pacientes em psicoterapia de longo prazo, depois que eles recebem alta do hospital. Também atende vários pacientes hospitalizados, encaminhados a ela por psiquiatras. Anima grupos de pacientes, especialmente para pacientes em tratamento devido à dependência de álcool. Por fim, todas essas atividades são realizadas por ela em cooperação com outros profissionais da equipes de cuidados, com internos, com psicólogos estagiários que são regularmente colocados sob sua responsabilidade, com psiquiatras e com o chefe do serviço. A orientação doutrinária do estabelecimento é a da psicoterapia institucional. O hospital goza de certo prestígio. Alguns dos maiores nomes da psicoterapia institucional trabalharam lá durante anos. A sra. Firmness diz o que pensa, não tem medo de controvérsias nem de conflitos, e o que ela diz geralmente é levado em consideração nas reuniões da equipe.

Uma antiga psiquiatra-chefe, agora aposentada, é um ponto de referência para ela refletir sobre sua prática. Aos poucos, ela desenvolveu uma amizade com essa mulher, e tornou-se um hábito ir vê-la para falar sobre seu trabalho no hospital. É um relacionamento complexo que combina as dimensões da amizade, a atenção protetora de uma mulher mais idosa, a supervisão, mas também de uma transferência...

Há algum tempo, grandes mudanças estão ocorrendo na organização do trabalho do hospital. A doutrina da psicoterapia institucional está sendo combatida pela nova administração que substituiu a antiga. A nova gestão, muito autoritária, questionou as condições de suas atividades como psicoterapeuta. Ela reagiu energicamente, filiando-se a um sindicato de profissionais de saúde para defender sua profissão e a de seus colegas, mas a situação se deteriora inexoravelmente.

Em um momento em que estava ficando cada vez mais isolada e a maioria de seus colegas estava capitulando ou fazendo pactos com a direção administrativa, a sra. Firmness deixou o hospital certa noite em um estado de profunda angústia. Procurou essa médica-chefe aposentada e contou-lhe sobre a situação. A médica a incentivou a continuar com sua resistência ativa e a lutar. Isso provavelmente foi um erro em um momento crítico, porque a batalha estava, de fato, perdida para a paciente. Porém, a dimensão transferencial de seu relacionamento com a idosa a prende em uma ação cuja orientação é equivocada. Quando ela voltou para casa durante a noite, sentiu dores abdominais intensas. Achou que estava somatizando, que seria ansiedade, que isso iria passar, mas não foi o que aconteceu. Nas primeiras horas da manhã, ela ligou para seu médico de família, que a internou imediatamente no hospital. Diagnóstico: infarto do miocárdio póstero-diafragmático extenso, com sintomatologia abdominal dominante, como costuma acontecer nesse tipo de evento clínico.

As transformações na organização do trabalho

Há cerca de quatro anos, foi nomeado um novo diretor geral para administrar a instituição. Daquilo que a paciente me disse, extraí uma breve reconstituição. Treinado em Nova Gestão Pública, esse diretor administrativo recebeu a tarefa: colocar a instituição em ordem, introduzir métodos de avaliação das atividades de cuidado (precificação baseada em serviços), racionalizar os orçamentos, introduzir ferramentas de gestão analítica, estabelecer protocolos de cuidados, reduzir custos do trabalho e realizar uma análise comparativa de custos e atividades entre todos os serviços psiquiátricos do hospital. O hospital tem vários departamentos psiquiátricos, cada um chefiado por um psiquiatra-chefe. Há também cerca de trinta psiquiatras temporários e estagiários especializados em cada serviço. O estabelecimento tem um diretor médico (psiquiatra) que é o superior hierárquico de todos esses médicos.

Assim que o novo diretor administrativo chegou, o diretor médico do hospital foi designado como o alvo prioritário, a pessoa a ser derrubada. A nova administração o colocou na posição de intermediário, responsável por garantir que todos os chefes de serviço mantivessem um registro do tempo de permanência dos pacientes hospitalizados, a quantidade de procedimentos médicos, consultas, medicamentos, procedimentos de outros profissionais da saúde (psicomotricidade, terapia ocupacional, psicoterapia, reabilitação etc.) prescritos para cada paciente, de acordo com cada diagnóstico psicopatológico. Tudo agora tem de ser registrado em planilhas computadorizadas, personalizadas para cada paciente, cada diagnóstico e cada membro da equipe de cuidados. Depois de um certo tempo, exausto por causa de todos os conflitos que resultam desses novos constrangimentos, que sobrecarregam os médicos, com muito desperdício de tempo e prejuízos para a qualidade do cuidado, o diretor médico acabou por se demitir e deixar o hospital.

Então, foi necessário substituí-lo. Começou uma competição entre os chefes de serviço para determinar quem seria o sucessor. Um dos mais jovens, com 45 anos, era particularmente ambicioso e fez questão de mostrar a todos sua aliança com a administração. Ele foi nomeado diretor médico do estabelecimento. Em seguida, mudou radicalmente sua atitude em relação aos colegas, exigindo que eles aderissem estritamente às diretrizes que ele lhes conferia em termos de avaliação, desempenho, gastos, previsões orçamentárias etc. Surgiram conflitos. Sempre próximo à gerência administrativa, ele exercia, em conluio com ela, pressão e controle implacáveis, exigindo informações sobre seus horários e justificativas para cada um de seus atos profissionais, além de poluir constantemente suas vidas profissionais com intervenções destinadas a reduzir sua autonomia, a tal ponto que cinco médicos seniores, que antes eram seus amigos, pediram demissão sucessivamente.

Depois dessa medida decisiva, toda a equipe de cuidados do hospital passou a ter medo dele. Depois de vencer a resistência dos médicos, ele agora volta sua atenção para os psicólogos. Ele prescreve a quantidade de procedimentos a serem realizados a cada semana, ordena a cada psicólogo manter em planilhas informatizadas uma quantidade impressionante de dados sobre os pacientes, seus familiares, e tudo isso viola o sigilo profissional. Alguns psicólogos, inclusive minha paciente, se insurgem. Apoiam-se em argumentos calcados em seus conhecimentos de psicanálise, nas regras de trabalho da psicoterapia institucional, na tradição da instituição, em textos publicados por antigos psiquiatras da instituição; foram informados pelo diretor médico que ele não queria mais qualquer referência ao "passado": "O passado acabou, estamos virando a página, não quero mais ouvir a palavra 'passado', o termo 'passado' será proibido na instituição a partir de agora!". A sra. Firmness sorriu ao se lembrar da resposta dada a ela pelo psiquiatra-diretor: "Nada mal, não é mesmo, o passado banido do que é psi?". Vários psicólogos que se rebelaram foram demitidos. Os outros pararam de protestar e se submeteram em silêncio. Os mais jovens serão fortemente incentivados a treinar em psicoterapia cognitivo-comportamental, se quiserem permanecer no estabelecimento.

Para substituir os médicos-chefes que foram demitidos, novos psiquiatras foram contratados. Eles são jovens e foram recrutados sob a condição de não fazerem referência à psicanálise ou à psicoterapia institucional. Por outro lado, eles devem ter diplomas em psicofarmacologia ou terapia cognitivo-comportamental. Sua missão é reformar cada serviço que lhes é atribuído de acordo com as novas diretrizes contábeis, pelas quais todos serão pessoalmente responsáveis. As atividades coletivas para pacientes, as psicoterapias de grupo e as psicoterapias analíticas foram abolidas "porque sua eficácia não está comprovada". Todas essas atividades são agora consideradas desnecessárias. Todos os pacientes alcoólatras, acompanhados pela sra. Firmness, tiveram de participar de tratamentos com protocolos padronizados.

O diretor médico que liderou toda a campanha, um ex-psicanalista que se comportava como um tirano em relação à equipe de cuidados, depois de ter servido ostensiva e zelosamente à gerência administrativa, foi, por sua vez, convidado a deixar o estabelecimento após três anos. No entanto, recebeu um considerável prêmio como indenização.

Ele foi substituído por um novo diretor médico, que tinha pouca experiência em psiquiatria, pois tinha apenas 30 anos de idade. No entanto, ele havia concluído um curso de administração hospitalar. Sua atitude em relação aos cuidadores é ainda mais brutal do que a de seu antecessor. Os novos médicos-chefes agora estão sendo solicitados a interromper psicoterapias individuais se acharem que elas estão durando muito tempo ou são ineficazes. Para cada paciente em psicoterapia, o psicólogo deve realizar uma avaliação, elaborar um argumento para justificar a continuação do tratamento, estabelecer objetivos com relação à forma e à duração do tratamento em uma base que nada tem a ver com a psicanálise e com critérios de conformidade do paciente, indicadores comportamentais, escalas de sintomas etc.

Com as mudanças drásticas na organização do trabalho, a sra. Firmness não pode mais exercer seu metiê: não apenas muitas de suas atividades institucionais anteriores foram pura e simplesmente abolidas, mas suas atividades psicoterapêuticas de orientação psicanalítica agora só podem ser realizadas numa certa clandestinidade.

A demanda inicial

Quando ela veio me ver, estava de licença médica após seu ataque cardíaco. Disse-me que não se sente aliviada com esse distanciamento forçado. Ela não vê como recomeçar suas atividades nas condições que lhe foram dadas, mas não pode deixar a instituição – isso seria uma covardia que a desonraria. Além disso, seu trabalho é um engajamento para toda a vida, e ela não pode desistir de seus pacientes. Ser considerada inválida, o que foi sugerido por seu médico, é inaceitável, não apenas por motivos financeiros, mas porque ela não suporta a ideia de ser um fardo para a sociedade. Ela não sabe o que fazer. E pede para eu dar minha opinião.

Eu também estou bastante perplexo. Parece que ela não pode contar com qualquer apoio ou solidariedade dentro de sua instituição, pois todos os apoios possíveis já foram abolidos, botados para fora. Mais uma vez imersa nesse ambiente que se tornou hostil, o risco de uma crise hipertensiva seguida de um acidente cardíaco era grande demais para que ela pudesse retomar suas atividades de modo razoável. A diretora de recursos humanos recusou-se a demiti-la, uma ruptura convencional do seu contrato de trabalho, e tentou fazer com que ela pedisse demissão.

Insistir nas minhas perguntas sobre seu passado na tentativa de entender o que inconscientemente a impede de reconhecer a realidade da derrota e de se proteger, mantendo-se longe da loucura da norma, que tomou conta da instituição, é inevitavelmente desqualificar sua postura de lutar pelo interesse comum e pelos valores da psicoterapia institucional. Por outro lado, não reconhecer o risco letal que ela parece estar correndo se retornar ao seu trabalho é agir como se eu não tivesse ouvido o que ela me disse. Não tenho certeza de como intervir. Ela entende meu silêncio como sendo a indiferença típica dos analistas mais estúpidos. A tensão entre sua ansiedade e sua raiva aumenta. Com medo de uma crise hipertensiva e sentindo a urgência de uma resposta, tudo o que finalmente posso fazer é confessar que não sei. Essa é uma maneira lamentável da recusa. Do ponto de vista analítico, reconhecer a própria derrota e o triunfo impiedoso da Nova Gestão Pública exigirá um trabalho perigoso. Por vezes, no final das sessões, como no final da que acabei de descrever, a sra. Firmness chega a sentir dores no peito. Estou constrangido, em posição de fraqueza.

Com o tempo, no entanto, ficou claro que, se ela não pode renunciar às exigências de sua profissão, é porque elas estão ligadas a um determinado engajamento. Na psicanálise, por um lado, e numa doutrina, a da psicoterapia institucional, por outro, que foi atravessada por uma tradição política de esquerda desde sua fundação, de Tosquelles a Bonnafé e muitos outros. O pai da paciente, assim como seu avô, mesmo durante a Primeira Guerra Mundial, sempre estiveram do lado da resistência, defendendo um humanismo e uma tolerância baseados no pacifismo e na busca de concórdia na vida pública e privada. Para a paciente, ceder às novas políticas do estabelecimento em que trabalha seria não apenas desleal com relação a seus compromissos, mas também uma traição a seu pai e seu avô. Assim, na gênese da descompensação somática, poderíamos invocar a interação de investimentos de identificação que a acompanham por toda a sua vida, mas que também a aprisionam a uma postura da qual ela não consegue se libertar. Afinal, outros psicólogos do estabelecimento, que eram menos firmes em suas posições, cederam, se resignaram ou se tornaram colaboradores do sistema, e graças a esses ajustes não adoeceram.

Efetivamente, as identificações da minha paciente podem ser vistas como rígidas e defensivamente elaboradas contra a relação com sua mãe. De fato, sua mãe era uma mulher brutal e perversa, que constantemente a desqualificava, a humilhava, com ela era injusta e até francamente destrutiva, enquanto ela era devotada a seu filho, o irmão mais novo da paciente. Este último tornou-se esquizofrênico. Provavelmente ele não era filho do pai da paciente, pois a mãe teve uma vida sexual bastante tumultuada. O nascimento da Sra. Firmness não foi desejado por sua mãe. O pai tinha tido um caso com ela e, quando ela engravidou, ele se resignou a casar com ela, embora fosse ambivalente à ideia desse casamento. Mas ele tinha de honrar suas responsabilidades.

Posteriormente, apesar do comportamento odioso de sua esposa e de sua atitude destrutiva em relação à filha, ele não se divorciou dela, porque sua esposa sempre ameaçava cometer suicídio se ele assim o decidisse. Ele acabou por morar sozinho, separado da família, e foi minha paciente que, desde a adolescência, teve de lidar com os problemas práticos apresentados por seu irmão esquizofrênico. Aliás, isso continua até hoje.

A desconstrução dessa idealização deu lugar ao início de uma reavaliação, a partir da qual se constatou que as posições do pai, em especial sua tolerância com o comportamento da mãe, não estavam acima de qualquer crítica e que elas tinham a ver com a gênese do sofrimento dela e pela doença mental do irmão. A paciente recuperou o gosto por atividades antigas e novas, mas, especialmente o prazer vivenciado na perlaboração de sua experiência profissional finalmente se traduziu em novos investimentos militantes, por um engajamento em um movimento político territorial, uma nova via que se abriu pelo desenvolvimento desse trabalho vivo. Esse novo metiê substituiu seu trabalho como psicoterapeuta, do qual ela havia conseguido renunciar. No final, ela não retornou ao emprego anterior e, após negociações tumultuadas, dessa vez com a ajuda de um advogado trabalhista, e não por conta própria, ela parou definitivamente de exercer sua profissão de origem.

Gostaria, no entanto, de voltar às dificuldades desse trabalho analítico, uma vez que ele estava constantemente entrelaçado com a análise de sua vocação para a profissão de psicoterapeuta. A interpretação convencional consistiria em considerar as mudanças em sua situação profissional como um evento externo contingente, atuando como uma revelação de uma estrutura psicológica marcada por rigidez de caráter, que seria, de fato, a verdadeira causa desencadeante do acidente cardíaco. Contudo, então, devemos explicar por que, durante trinta anos, apesar desse passado, desses antecedentes, dessa estrutura psicológica e dessa vulnerabilidade, a sra. Firmness sempre esteve em boa saúde e, além disso, sempre foi muito apreciada por sua comunidade profissional.

A condição da sua vulnerabilidade psicossomática é então revertida. É justamente por ter esse passado e essa história familiar que a paciente se engajou na psiquiatria com pacientes difíceis. Se ela não tivesse tido uma mãe perversa e um irmão esquizofrênico, bem provavelmente ela não estaria interessada em se dedicar aos doentes mentais. Um olhar mais atento a partir da clínica revela que é a fragilidade do terreno psíquico que está na raiz da mobilização do gênio da inteligência. Até mesmo sua obstinação e a estabilidade de seus investimentos na profissão de psicóloga derivam de identidades "rígidas" que a tornam uma pessoa confiável, leal, combativa e inspiradora para seus colegas.

Aqui, a atividade profissional funciona como uma provação, da qual o sujeito pode, às vezes, sair mais forte. Ou, para usar a teoria da tradução de Laplanche, o trabalho funciona como um enigma que permite que as mensagens enigmáticas implantadas pelos adultos quando o paciente era criança sejam "detraduzidas" e retraduzidas. Em outras palavras, o gênio da inteligência em sua profissão de psicóloga vem justamente do fato de ser também a oportunidade para ela trabalhar sobre si mesma, o que lhe permitiu ser uma excelente profissional ao longo de sua vida de trabalho.

Aqui estamos no núcleo da sublimação, por um lado, como o recurso da inteligência no trabalho, como oportunidade de realização de si; por outro, como bônus, o prazer inigualável do crescimento da subjetividade. Gostaria apenas de enfatizar um ponto: o prazer no trabalho não é apenas o resultado da relação de si consigo mesmo no confronto com o real do trabalho. Ele também depende do reconhecimento da qualidade e da utilidade do trabalho realizado por meio dos julgamentos de beleza e utilidade proferidos respectivamente pelos pares – os colegas – e pela hierarquia. No caso da sra. Firmness, no entanto, o *julgamento de utilidade* é anulado pela nova organização, que demonstra com estardalhaço seu desprezo e condenação à psicoterapia, à psicanálise e à terapia institucional. Quando a paciente se opôs às novas diretrizes e argumentou que, sob a pressão dessas restrições gerenciais, em que apenas o desempenho quantitativo conta, haveria inevitavelmente uma deterioração na qualidade do atendimento, a gerência administrativa respondeu: "Não estamos exigindo muito da senhora. Os pacientes que vêm aqui não precisam de um atendimento tão sofisticado. Eles são pessoas simples. O tratamento com medicamentos é mais rápido e suficiente. Senhora, está exagerando, é inútil!".

Quanto ao *julgamento da beleza*, ele é arruinado pela capitulação progressiva dos colegas, o que torna impossível comparar o próprio trabalho com o dos outros (proibição de reuniões clínicas e de espaços de deliberação na nova organização).

Há apenas duas esferas de realização de si: a da esfera erótica, que envolve o amor; e a da esfera social, que envolve o trabalho e o reconhecimento do trabalho pelo outro. Ou ainda, em termos mais metapsicológicos: as pulsões só encontram um destino não patológico por meio da satisfação no campo erótico, por um lado, e no campo da sublimação, por outro. Mesmo que a sublimação seja considerada uma defesa por Freud, ela é a única defesa que não resulta em um encolhimento do Eu, mas em seu crescimento, que também pode ser considerado como a realização de si.

Na situação da sra. Firmness, as injunções dirigidas a ela a obrigariam a trair as regras de sua profissão. Nem todos os metiês estão sujeitos a um código de ética. Por outro lado, todos estão sujeitos às regras do bom trabalho, às regras da arte, às regras do ofício. Ao mesmo tempo, as regras de trabalho são sempre regras sociais de saber-viver, de respeito pelos outros, de ajuda-mútua, de consideração, de viver-junto e de solidariedade. No final, todo metiê é estruturado por regras resultantes de uma atividade deôntica que, em conjunto, formam um éthos profissional. Não respeitar as regras do trabalho também é, *nolens, volens*, uma violação dos valores do éthos profissional. Ao fazer isso, um risco psíquico emerge: ao trair o éthos profissional, você acaba por contribuir com atos que são moralmente repreensíveis. O conflito psíquico resultante se traduz por um tipo específico de sofrimento que nós designamos como *sofrimento ético* (Dejours, 1998; Demaegdt, 2013). O sofrimento ético abre a porta para o desprezo de si e, além disso, até mesmo para o ódio de si, com riscos psicológicos dos quais o suicídio no local de trabalho é atualmente a expressão mais impactante (Rolo, 2015).

A solidão da paciente

Isso não é tudo, porém. Há um elemento importante no sofrimento da sra. Firmness que ainda não foi analisado. Na nova organização, o que indubitavelmente mais fez a paciente sofrer foi a maneira como alguns de seus colegas de quem ela gostava e, por vezes, até admirava, se tornaram colaboradores da nova administração. Claramente, eles estão traindo e colaborando com o desmantelamento do que até então os mobilizava em um esforço comum, em detrimento dos valores que agora eles violam ostensivamente. A confiança desaparece, a desconfiança a substitui, e todos agora estão sozinhos em um ambiente que rapidamente assume a forma de uma ameaça. O medo se instala em um mundo social de trabalho que foi devastado, onde o senso comum de justiça se perdeu: é o colapso do mundo comum aberto à pluralidade dos seres humanos, que Hannah Arendt chama de *loneliness*, traduzido por "desolação". E, nesse caso, não há mais espaço para a sublimação. O mundo da *desolação* produzido pela Nova Gestão Pública é uma organização de trabalho que pode ser justificadamente qualificada como *antissublimatória*.

Se, então, a sublimação pode ser encontrada em todas as atividades profissionais, é necessário admitir que ela não depende apenas do sujeito individualmente. A sublimação depende do outro, da qualidade da cooperação e da racionalidade do trabalho em relação aos valores no mundo social, e não apenas em relação à eficácia no mundo objetivo.

Para essa paciente, a transformação da organização do trabalho pelos novos gestores arruína a economia da sublimação e contribui para desestabilizar o amor de si, com o risco de descompensação, nesse caso, um infarto do miocárdio.

A traição dos outros

O fracasso da dinâmica da sublimação na sra. Firmness não é apenas o resultado da virada gestionária implementada pela nova administração. O momento fatídico que desencadeia a descompensação somática é aquele da confrontação com a duplicidade de seus colegas psicoterapeutas. Essa talvez seja a questão mais espinhosa da loucura da norma.

Diante dos riscos psíquicos da normalização, a maioria de nossos semelhantes, ao contrário da sra. Firmness, consegue permanecer dentro da normalidade. O enigma muda, no sentido de que agora é esse normal que se torna enigmático. A duplicidade consiste no fato de que, enquanto mantêm as aparências de permanecerem os mesmos de antes, os colegas psicoterapeutas, nos bastidores, estão se comportando como colaboradores zelosos no desmantelamento da profissão que um dia honraram. Virar as costas, em outras palavras, trair as regras do metiê de psicoterapeuta, significa concordar em apoiar práticas que são reprovadas pelo éthos profissional. Efetivamente, é correr o risco de vivenciar o sofrimento ético, ou seja, o da traição de si.

A investigação analítica dessa encruzilhada na economia da sublimação sugere que, contra o risco de vivenciar o sofrimento ético, é possível mobilizar defesas específicas que tornam possível entorpecer a consciência moral e evitar a provação da angústia ética. Todavia, a reversão, ao que parece, passa por um momento crítico que tanto precede quanto desencadeia a mobilização dessas defesas: quando a sra. Firmness é humilhada e assediada publicamente pelo diretor administrativo durante uma reunião de equipe, os colegas psicólogos não sentem apenas o medo de, em breve, encontrar-se em seu lugar. Há algo mais também: o espetáculo do assédio também exerce um fascínio que, como no caso de crianças fascinadas por filmes violentos, provoca prazer. E esse gozo funciona como uma armadilha psíquica que torna os espectadores, os colegas psicólogos, *nolens, volens*, cúmplices da obstinação da gerência com relação à sra. Firmness.

Essa armadilha psíquica pode ser o momento de mutação, a partir do qual as defesas contra o sofrimento ético são instantaneamente acionadas. Elas consistem em entorpecer o pensamento e proteger o Eu do conflito que gera o sofrimento ético. Assim, instala-se uma clivagem. Fora do trabalho, no *sentido estrito do termo*, ou seja, na vida social comum, o indivíduo funciona no registro psiconeurótico comum que era seu até então. Em suas atividades profissionais, ele se tornou um colaborador do regime gestionário normalizador.

Em termos éticos, a divisão é completada pela acrasia, da qual duas formas podem ser identificadas. A primeira é a que foi mencionada brevemente. Ela recorre a racionalizações que não se originam do pensamento personalizado. No seu lugar, são emprestadas fórmulas prontas, disponibilizadas pela mídia ou em "conversas de boteco"/"conversas fiadas"/banalizações, ou mais especificamente pelo Dircom (departamento de comunicação a serviço da instituição de saúde em questão), para servir à racionalização secundária, sobre o realismo econômico, a globalização, a guerra econômica...

Essa acrasia não poupa certos psicanalistas que praticam descaradamente o *coaching* de executivos em empresas, ou seja, os ajudam a desempenhar seu papel de servidores zelosos da loucura da norma, que nada mais são do que aqueles a quem La Boétie se referiu como "tirano nanico".

A outra forma de acrasia pode ser caracterizada como "preguiçosa". Aqui, o angelismo substitui a racionalização, que assume a forma de ignorância dessa vasta estratégia de reestruturação da pólis por meio da normalização gestionária. O angelismo às vezes chega ao ponto de reivindicar a minoração intelectual: "Não sou instruído o suficiente para entender a situação. Está completamente além de mim. Não tenho qualquer conhecimento fora do meu metiê. Só conheço a clínica individual. Sou um simples profissional. Faço meu trabalho da melhor maneira possível e o resto não é da minha conta". A amabilidade é a face visível da minoração intelectual, livre de qualquer responsabilidade pela normalização para a qual – é a face invisível – ele aporta a sua contribuição conscienciosamente.

Quando a clivagem acrásica está na raiz da adaptação à normalização, podemos nos perguntar se essa forma de normalidade não seria mais bem caracterizada pelo termo "normopatia". Ou seja, como um arranjo por meio do qual a ele seria possível consentir em servir, poupando a si mesmo do sofrimento do conflito psíquico, nesse caso, o sofrimento ético. Nessa perspectiva, a normopatia seria uma tentativa de dar um relato metapsicológico daquilo que La Boétie (2014) analisou em termos de filosofia moral e política sob o nome de *servidão voluntária*:

> *Só há uma coisa a ser dita [= é uma exceção], na qual, não sei como, falta aos homens a natureza para desejá-la, e essa é a liberdade, que é sempre um bem tão grande e tão agradável que, quando se perde, todos os males seguem seu rastro, e os próprios bens que permanecem depois dela perdem inteiramente seu gosto e sabor, corrompidos pela servidão; os homens não desejam a liberdade, nem por qualquer outro motivo, ao que parece, [= parece-me], exceto [pelo fato] de que, se a desejassem, eles a teriam, como se se recusassem a fazer essa bela aquisição apenas porque é muito fácil.*

De ter escutado a sra. Firmness e de ter ouvido muitos dos profissionais que vieram me consultar nos últimos anos, pergunto-me como eu me situo na fronteira entre a normalidade sofrente e a normopatia. Às vezes, atendemos normopatas. Eles vêm até nós com perguntas sobre o que está acontecendo com eles em seu setor neurótico, com todas as aparências de um indivíduo comum. O que os torna normopatas, ou seja, a ausência de conflito gerada por sua servidão voluntária, permanece nas margens, trancado em um silêncio implacável e impenetrável, clivado do pré-consciente e ignorado pelo analista. Em contrapartida, também recebemos pacientes que, como a sra. Firmness, pagam um alto preço por seu sofrimento ético diante da loucura da norma.

O que devemos fazer com todo esse material clínico que nos é confiado, *nolens, volens*? É nesse ponto que emerge a questão do meu cansaço, até mesmo da exaustão, ao lidar com essas questões, do meu desejo de desistir, de capitular... e, assim, entrar no caminho do menor sofrimento, escolhendo, por minha vez, o conforto da normopatia.

O que significa para um psicanalista lutar contra a normalização? Continuar praticando a psicanálise contra tudo o que está acontecendo? Será que essa é uma resposta suficiente? É mesmo uma posição racional? Eu não poderia continuar a praticar a psicanálise se estivesse completamente sozinho nisso. Isso só é possível se eu puder testemunhar minha prática perante meus colegas e me submeter ao seu olhar crítico. A questão, porém, é a seguinte: qual é a paridade de que preciso para me submeter a esse teste? Antes de mais nada, parece-me que ela se baseia nas regras da profissão que compartilho com eles, mas, dentro da escola à qual pertenço, será que todos nós aderimos às mesmas regras profissionais? E mais do que isso: será que estamos todos de acordo com a validade de nos referirmos a regras e até mesmo de falarmos sobre técnica analítica? E se concordássemos com as regras do metiê, aceitaríamos então o princípio da atividade deôntica, ou seja, uma atividade de produção de regras no campo da prática analítica?

Se as regras de análise existem, então, como todas as regras instituídas, diferentemente das normas biológicas, elas evoluem de acordo com as transformações do mundo humano no qual praticamos. Ou seja, nesse caso, as transformações da clínica, por um lado, e as condições socioeconômicas que modificam as demandas feitas pelos pacientes, por outro. Do meu ponto de vista, a loucura da norma é uma onda que perturba profundamente a clínica. Enquanto escrevo estas palavras, já posso ouvir as vozes de colegas que pensam o contrário. De acordo com eles, a clínica não está se movendo. Na superfície, talvez, mas na substância eles acreditam que ela não está evoluindo e que qualquer questionamento das regras da profissão só pode ser resultado de um desvio oportunista que não entende o polimorfismo da forma e confunde forma com substância.

Contudo, se, como resultado do extraordinário poder da virada neoliberal, a loucura da norma está reduzindo inexoravelmente as margens de liberdade e autonomia de nossos pacientes e de todos os homens e mulheres que trabalham, o que então permitiria que os psicanalistas, isolados, escapassem da normalização? Minha resposta seria a seguinte: se quisermos resistir, essa resistência exigirá que trabalhemos juntos para desenvolver regras profissionais capazes de resistir à normalização. E se um dia, em breve, só pudermos praticar a psicanálise clandestinamente, como já aconteceu nos países da Europa Central, é evidente que teremos de adaptar nossas regras de trabalho à clandestinidade.

Ainda não chegamos lá. Estamos adiante da ditadura. Como diz Alain Supiot (2015) em sua palestra no Collège de France, a ditadura não é um acidente do ultraliberalismo:

> *A doutrina ultraliberal identifica claramente a democracia como uma fonte de perturbação da ordem espontânea do mercado. De fato, foi a ditadura do General Pinochet que permitiu que os teóricos da Escola de Chicago usassem o Chile como seu primeiro campo de experimentação. (p. 23)*

Uma coisa é pensar que estamos aquém da ditadura, mas, se dizemos essa palavra, é mais uma pergunta que volta como um bumerangue: a psicanálise e os psicanalistas têm um papel a desempenhar no esforço coletivo para repelir a ditadura? Essa é uma pergunta extremamente embaraçosa. Porque, na arena pública, os psicanalistas, como psicanalistas, não têm competência para adotar uma posição militante ou mesmo normativa. Pelo contrário! Eles só podem ficar do lado da questão.

Porém, como a experiência clínica da loucura da norma e as questões metapsicológicas levantadas pela normalização podem ser trazidas para o espaço público? Em que termos, com que retórica, os psicanalistas podem falar sobre as perguntas que fazem a si mesmos ao falar com os outros, em instituições ou no espaço público? Não tenho resposta para essas perguntas. Daí um indubitável mal-estar. A escala do trabalho a ser feito parece gigantesca. É por isso que muitas vezes tenho vontade de capitular e aproveitar ao máximo a autonomia que ainda temos, enquanto for possível, para continuar praticando a análise e sem me interessar pelo resto. E, depois, que venha o que vier! Uma posição acrática, sem dúvida. Porque todas essas perguntas, eu sei, são solidárias às que o artesão, o artista ou o poeta fazem.

"O século XXI", disse um deles, "será bem possivelmente aquele que verá a poesia perecer, sufocada sob as ruínas com as quais ela cobre o mundo natural e a sociedade." Essas são palavras duras de Yves Bonnefoy, em 2008.[16] Em 2016, quase como uma continuidade, ele disse:

> *Desde que, é claro, o estado do mundo permita que a vida privada pense que tem direito à sua plenitude possível. Isso dificilmente é concebível hoje, ou mesmo lícito. Muita violência e absurdos estão sacudindo o horizonte, oprimindo pessoas inocentes que têm as mãos vazias. Nós podemos e temos que designar o que seria a realidade, a plenitude. E, no entanto, neste momento da história, não podemos fazer tal afirmação.*

Essas palavras ainda são duras, mas aqui temos como Bonnefoy conclui suas observações: "Mas tenhamos esperança. Esperemos, contra todas as evidências, que a humanidade possa um dia habitar poeticamente sua terra milagrosamente poupada".[17] André Beetschen (2011) escreve:

---

16 Em *Le Magazine littéraire*. Citado por Amaury da Cunha, Le Monde, 3-4 de julho de 2016, p. 19.

17 Entrevista com Alyosha Wald Lasowski, *Le Magazine littéraire*, 4 de julho de 2016.

> *Eu queria aproximar o poeta e o psicanalista e, ao mesmo tempo, distanciá-los, mantendo a confiança em uma proximidade de fundo. . . . "A arte abalada pela poesia", escreveu Bonnefoy: espero que a psicanálise também ouça por muito tempo um semelhante e amigável alerta. (p. 144)*

3. Sublimação, clínica do trabalho e psicanálise

A clínica do trabalho se desenvolveu na França, primeiro entre as guerras[18] e depois da Segunda Guerra Mundial, sob o nome de psicopatologia do trabalho. O renascimento dessa clínica, a partir da década de 1980, deu continuidade à pesquisa resultante do encontro entre a psicanálise e a ergonomia. O escopo dessa clínica foi então ampliado para além do estudo das doenças mentais relacionadas ao trabalho, incluindo a investigação dos recursos psíquicos mobilizados por aqueles que conseguem resistir aos efeitos deletérios dos constrangimentos do trabalho e permanecer dentro da normalidade. Isso levou à descoberta de estratégias de defesa contra o sofrimento no trabalho, cuja diversidade e riqueza abriram um imenso campo clínico.

Além das defesas e da normalidade, o interesse voltou-se para as condições específicas que, às vezes, permitem aceder ao prazer no trabalho, ou até mesmo à construção da saúde mental, graças ao trabalho. Foi por causa da expansão do campo clínico que um novo

18 Consulte Billiard (2001).

nome foi proposto em 1992: psicodinâmica do trabalho – para reunir toda essa pesquisa que vai do sofrimento ao prazer no trabalho, das patologias mentais à realização de si por meio do trabalho.

Essa clínica é extremamente rica e diversificada, mas a psicodinâmica do trabalho não é apenas uma disciplina clínica; é também uma teoria centrada na análise dos processos envolvidos na etiologia do sofrimento e das patologias, bem como do prazer e da saúde em relação ao trabalho. Uma das principais teses dessa teoria foi formulada sob o nome de "centralidade do trabalho" para a subjetividade.

Por muito tempo ignorada, e até mesmo rejeitada pelos psicanalistas, a psicodinâmica do trabalho se desenvolveu principalmente por meio do confronto com outras disciplinas: depois da ergonomia e da medicina do trabalho, com a sociologia (sociologia da ética e sociologia da divisão sexual do trabalho) e a antropologia; em seguida com a filosofia (em especial a fenomenologia de Michel Henry e a teoria crítica da Escola de Frankfurt), com o direito e, mais recentemente, com a economia.

Nos últimos anos, entretanto, as escolas de psicanálise se abriram para a questão do trabalho, inicialmente na França, mas também em outras capitais europeias, no Canadá, no Brasil e na Argentina. Essa nova situação está, sem dúvida, relacionada ao fato de que muitos psicanalistas recebem pacientes cuja solicitação inicial diz respeito ao seu sofrimento no trabalho. Como podemos abrir espaço para questões *relacionadas ao trabalho* quando partimos do *corpus* freudiano?

Para responder a essa pergunta, é melhor começar pela análise daquilo que, na relação com o trabalho, convoca a *subjetividade*. Em vez de embarcar em uma investigação dos efeitos patogênicos do trabalho, como geralmente acontece quando a discussão é dirigida a outras disciplinas, talvez seja mais apropriado, para discutir com a psicanálise, examinar como a psicodinâmica do trabalho pode contribuir para a teoria da sublimação. Levar em consideração as evidências da clínica sugere que a sublimação deve ocupar um lugar específico no funcionamento psíquico, um lugar significativamente mais importante do que aquele geralmente atribuído a ela na psicopatologia e na metapsicologia.

Trabalho, atividade e subjetividade

O trabalho de concepção é frequentemente oposto ao trabalho de execução, sendo o primeiro considerado mais nobre que o segundo. Não há nada de errado com essa distinção, mas é preciso enfatizar que não existe trabalho de execução se o objetivo for assim designá-lo como uma atividade de obediência estrita a prescrições, aos procedimentos ou às ordens.

Todos os que trabalham contornam regras, descumprem procedimentos, transgridem ordens, burlam instruções, não apenas por um gosto imoderado por resistência ou desobediência, mas, muito mais comumente, para fazer a coisa certa, porque o trabalho concreto nunca sai exatamente como os projetistas e organizadores previram. Em qualquer trabalho, sempre há imprevistos, falhas, mau funcionamento e incidentes. O que é prescrito é o que chamamos de *tarefa*. O que os trabalhadores concretamente fazem é a *atividade*.

Em suma, trabalhar significa sempre ajustar, adaptar, revolver, bricolar e alterar. Quem não sabe burlar o prescrito, ou não ousa fazê-lo, é um mau profissional, porque quem se atém à execução estrita das prescrições não está fazendo outra coisa senão uma operação-padrão (greve do zelo, na expressão francesa). Nenhuma empresa, nenhuma fábrica, nenhuma organização pode funcionar se as pessoas seguirem os procedimentos oficiais. Um exército no qual os homens simplesmente obedecem às ordens é um exército derrotado.

A partir dessa abordagem do trabalho pela ergonomia e pela clínica do trabalho, surge a ideia de que o trabalho é o que deve ser inventado e acrescentado, por quem faz, às prescrições "para fazer funcionar". Esse zelo nada mais é do que o *trabalho vivo* do qual nenhuma organização de trabalho pode prescindir.

Sob essa perspectiva, o trabalho é fundamentalmente um enigma. O que é preciso acrescentar às prescrições para que as coisas tenham êxito? Nunca sabemos de antemão e, além disso, temos de inventar. Em que consiste a inteligência de que estamos falando? Quais são os impulsos psicológicos? Esse é um segundo enigma.

É em razão desse engajamento da subjetividade no zelo que o trabalho nunca pode ser neutro em relação ao Eu e à saúde mental. Ele pode gerar o melhor, a ponto de, em alguns casos, o trabalho se tornar um mediador essencial na construção da saúde. Por outro lado, também pode gerar o pior, levando à doença mental descompensada. Em outras palavras, o trabalho não pode ser visto como um ambiente. Pelo contrário, ele penetra até as profundezas da subjetividade. É por isso que ele é tão importante para a psicanálise.

O trabalho vivo

O trabalho vivo é o que o sujeito tem de acrescentar às prescrições para atingir os objetivos. O trabalho está sempre repleto de incidentes, mau funcionamento dos objetos técnicos (seja uma usina nuclear, um avião ou um terminal de computador), revogação de ordens pela hierarquia, perturbações advindas de demandas urgentes formuladas por terceiros, colegas que não cumprem com seus compromissos, desistência de última hora por parte de clientes, entre outros. Isso é o que é chamado de "real" do trabalho. O real é o que se dá a conhecer ao trabalhador por meio de sua resistência à maestria.

A experiência do real do mundo, ou seja, sua resistência à maestria, inevitavelmente assume o modo de fracasso, ou seja, de uma experiência *afetiva*: surpresa, desaprovação, irritação, decepção, raiva, sentimentos de impotência etc. Todos esses sentimentos são parte integrante do trabalho. Eles são a matéria-prima fundamental de nosso conhecimento do mundo. É principalmente por meio dos sentimentos que o real do mundo é revelado à pessoa que trabalha. Aqueles que não são suficientemente sensíveis são inevitavelmente inábeis. Eles quebram máquinas porque não sabem como sentir afetivamente quando elas estão falhando. O cuidador inábil desestabiliza o paciente porque não reconhece afetivamente a angústia do outro.

Para vivenciar afetivamente o real e, portanto, conhecer o mundo, é necessário, antes de tudo, um corpo, porque é com o corpo que vivenciamos os afetos.

Trabalhar é, antes de mais nada, fracassar; mas, em seguida, mostrar-se capaz de aceitar o fracasso, de tentar outros modos operatórios, de fracassar novamente, de retornar a produzir, de não desistir, de pensar sobre ele fora do trabalho, de aceitar uma certa invasão pela preocupação com o real e com a sua resistência, mesmo no espaço privado. Assim como os jovens psicanalistas falam incansavelmente e, em todas as circunstâncias, sobre a psicanálise, as dificuldades práticas e os sucessos que encontram; e como os jovens engenheiros responsáveis pelas operações ou pela manutenção de uma usina nuclear devem aceitar que são habitados 24 horas por dia pelos desafios de seu trabalho. Trabalhar não significa apenas fracassar, mas também ser capaz de *suportar* o fracasso pelo tempo que for necessário para encontrar uma solução para superar o real.

A inteligência do corpo

Essa persistência diante do fracasso é decisiva porque, para encontrar a solução, devemos primeiro estabelecer uma intimidade genuína com a resistência do real; devemos nos tornar um com ele, e podemos mostrar que o enigma do real que surge em qualquer trabalho precisa primeiro ser "apropriado" de maneiras específicas para ser decifrado. Não é impossível encontrar a solução conveniente sem antes estabelecer uma familiaridade subjetiva e afetiva entre o corpo e o real, que o filósofo Michel Henry (1987) teorizou sob o conceito de "corpropriação do mundo" (pp. 71-100). Essa corpropriação não é apenas cognitiva. A essência de seu gênio é representada no contato corpo a corpo com o real (consulte o Capítulo 1).

Em última análise, cada nova configuração do real encontrada no trabalho exige a formação de novas habilidades que o trabalhador não tinha antes, de modo que o trabalho, entendido como trabalho de produção (*poièsis*), para ser de qualidade, convoca a subjetividade até seus fundamentos mais íntimos – ou seja, o corpo, o local da experiência subjetiva. Cada habilidade é, de fato, o resultado de uma elaboração da experiência subjetiva do corpo que lida com o real. É o corpo que dá à inteligência seu gênio. Dessa maneira, o trabalho de produção é transformado, por meio da persistência, em "exigência de trabalho (*Arbeitsanforderung*) imposta ao psiquismo devido a suas relações com o corpo" (Freud, 1915/2005), uma vez que é nesse corpo que a resistência do real é primeiramente experimentada. Como vimos anteriormente, o léxico freudiano está repleto de ocorrências do termo *Arbeit*. O trabalho-*poièsis* também implica um trabalho de si sobre si – trabalho-*Arbeit*: *Erarbeiten*, *Durcharbeiten*, do qual depende a aquisição de novas habilidades. O prazer derivado do trabalho-*Arbeit* bem-sucedido, causado pelo trabalho-*poièsis* como uma provação para a vida da alma, está ligado ao crescimento da subjetividade. Trabalhar não é apenas produzir; é também transformar a si mesmo, e essa transformação de si é essencialmente uma transformação da maneira de habitar nossos corpos. Isso também envolve a colonização da subjetividade por meio do trabalho, fora do horário de trabalho, até mesmo na insônia e na economia dos relacionamentos amorosos; mas também nos sonhos. O trabalho do sonho é o momento em que, graças à regressão formal, o corpo subjetivo se transforma.

O marinheiro, ao desenvolver artimanhas para enfrentar as ondas, agindo com astúcia, experimenta a água, a ondulação, as ondas, o oceano com um prazer desconhecido para os outros. O violinista, ao enfrentar seu instrumento, é capaz de ouvir na arte de outros virtuosos sonoridades às quais ele não teria acesso antes de ter trabalhado seu violino.

O que eu digo sobre o trabalho com a matéria também é válido para o trabalho intelectual: é com o corpo que o professor ou o ator sente e acompanha a escuta do seu público e, em seguida, ajusta seu saber-fazer corporal, o que chamamos de *agir dramatúrgico*, para suscitar a sua atenção. É com o corpo que experimentamos afetivamente o contato com os pacientes e adquirimos uma compreensão do seu estado psíquico. Um "conhecimento pelo corpo" (termo emprestado de Pierre Bourdieu, que o utilizou com uma finalidade distinta).

A maneira como o trabalho comum convoca a subjetividade do trabalhador habilidoso constitui o primeiro nível de sublimação.

Trabalho, cooperação e atividade deôntica

Embora tudo o que tenha a ver com o relacionamento solipsista com a tarefa já seja altamente complexo, limitar-nos a esse aspecto da análise da centralidade subjetiva do trabalho é uma simplificação injustificada. Na maioria das situações comuns, o trabalho também envolve um relacionamento com outras pessoas. Trabalhamos para alguém, para um cliente, para um chefe, para subordinados, para colegas. Às vezes, o trabalho também envolve o coletivo, com a questão da cooperação em seu cerne.

O mesmo se aplica à cooperação e à atividade, ou seja, sempre há uma discrepância entre a organização prescrita do trabalho, conhecida como *coordenação*, e a organização real do trabalho, conhecida como *cooperação*.

A cooperação é algo distinto de coordenação. Ela implica uma reformulação *consensual* da organização prescrita. Para que isso aconteça, é necessário que aqueles que estão se esforçando para trabalhar juntos em um coletivo ou em uma equipe repensem a divisão de tarefas e a repartição de homens na produção, inventando regras práticas que sejam aceitas e respeitadas por todos.

Não é possível comentar aqui sobre todos os elos intermediários na construção da cooperação. Vou apenas salientar que é necessário, para que as pessoas trabalhem juntas, que elas estabeleçam relações de *confiança*. Esse é o pré-requisito para que cada um ouse mostrar aos outros como trabalha, sem medo de que a revelação de suas artimanhas com relação ao prescrito retorne contra si mesmo. A cooperação se baseia em uma atividade complexa de confrontação entre diferentes modos inteligentes de trapacear com as prescrições: confrontação voltada para a busca de acordos e consensos sobre o que é eficaz e o que é menos eficaz, o que é bom e o que é ruim, o que é justo e o que é injusto etc. É uma atividade de construção de acordos e regras sobre os modos de "interpretar" as ordens ou as prescrições.

Como vimos no capítulo anterior, uma análise do processo de criação de regras revela que uma regra nunca tem apenas um propósito técnico. Ao mesmo tempo, ela é sempre uma regra social que organiza a civilidade e o viver junto. *Trabalhar nunca é apenas produzir, é também viver junto.* As regras de trabalho e o convívio sempre andam juntas. A essa atividade de criação de regras, que consome grande parte de nosso tempo e energia, por exemplo, em sociedades de psicanálise, denominamos "atividade deôntica". A rigor, um coletivo só existe quando há regras que organizam a atividade comum. Caso contrário, não é um coletivo, é um grupo ou um aglomerado, ou ainda uma massa. A atividade deôntica é parte integrante do trabalho comum e, às vezes, conduz a diferenças muito marcantes entre as equipes, entre coletivos, entre estilos de trabalho, entre escolas. Os coletivos e os metiês têm uma história, e essa história não é outra senão a história de suas regras e suas transformações sucessivas.

Atividade deôntica, espaço de discussão e identidade

Para poder cooperar, é preciso correr riscos: entre outras coisas, é preciso se apresentar, mostrar o que faz e dizer o que pensa. Sem dúvida, isso significa correr riscos. Então, por que as pessoas que trabalham concordam em assumir riscos em vez de todos trabalharem respeitando estritamente as regras, como se estivessem agindo numa operação-padrão?

Aqueles que participam da atividade deôntica, da vida do coletivo e do viver-junto aportam uma grande contribuição para a cooperação, para a organização do trabalho, para a empresa ou instituição e, além disso, para a sociedade. Se eles se implicam dessa maneira, é porque, em retorno dessa *contribuição*, esperam uma *retribuição*. Entretanto –, e a clínica do trabalho é irrefutável nesse ponto –, a retribuição que mobiliza a maioria dos trabalhadores não é uma retribuição material. Não que ela não seja importante, é claro, mas não é a força motriz. A retribuição esperada é, antes de tudo, simbólica. Sua principal modalidade é o *reconhecimento*. Em ambos os sentidos do termo: gratidão pelo serviço fornecido; e julgamento sobre a qualidade do trabalho realizado. O reconhecimento também só alcança sua eficácia simbólica se for conferido de acordo com procedimentos com critérios extremamente precisos.

Há duas formas de julgamento.

O *julgamento de utilidade* diz respeito à utilidade econômica, social ou técnica da contribuição feita por um indivíduo para a organização do trabalho. É importante para o indivíduo porque lhe confere um *status* na organização para a qual ele trabalha e, além disso, um *status* na sociedade. É também um pré-requisito para o acesso não apenas a um salário, mas também a direitos sociais. Para verificar isso, basta ver os efeitos terríveis do que é conhecido como "ser colocado na geladeira", ou seja, ser relegado a tarefas subalternas ou absurdas, ou até mesmo ser proibido de trabalhar, mesmo tendo o seu salário mantido. Muitos profissionais que são colocados "na geladeira" são devastados pela vergonha e pela perda da confiança em si, e se arruínam na depressão.

O *julgamento de beleza* é sempre expresso em termos estéticos: é um bom trabalho, é um belo trabalho, é uma demonstração elegante, é uma maneira bonita de fazer as coisas. O julgamento da beleza conota, antes de tudo, a conformidade do trabalho realizado com as regras da arte, com as regras do ofício, da profissão; enfim, do metiê. Esse julgamento só pode ser feito por alguém que conheça as regras da arte e do metiê por dentro. É o julgamento de seus pares, certamente o mais severo, mas também o mais apreciado. Seu impacto sobre a identidade é considerável. Reconhecidos por seus colegas, os trabalhadores adquirem um senso de pertencimento: pertencer a uma equipe, a um coletivo, a uma comunidade de metiê. O pertencimento é o meio que permite ao trabalho afastar a solidão. Podemos então dizer que ele é um piloto de caça como outros pilotos de caça, que ele é um pesquisador como outros pesquisadores, que ele é um psicanalista como outros psicanalistas.

Um segundo aspecto do julgamento de beleza é o reconhecimento pelos colegas da originalidade, ou mesmo do estilo, relacionado com o desempenho de um trabalhador. Esse julgamento de *originalidade* é, obviamente, o mais precioso, aquele que confere a um trabalhador aquilo em que ele não é idêntico a nenhum outro. Diferentemente do julgamento de conformidade, ele só é acessível quando o julgamento de conformidade já foi feito.

Deve-se ressaltar, entretanto, que aquilo que o trabalhador espera desses dois julgamentos de utilidade e de beleza é que eles estejam relacionados à qualidade do desempenho, *à qualidade* do trabalho realizado. É somente em um segundo estágio que o sujeito pode repatriar esse julgamento do registro do *fazer* para um julgamento no registro do *ser*, da identidade.

O reconhecimento, por esse motivo, tem um impacto considerável para a identidade. É graças ao reconhecimento que uma parte essencial do sofrimento pode ser transformada em prazer no trabalho. Isso está muito longe do masoquismo, no qual o prazer é derivado diretamente da erotização do sofrimento. O caminho do sofrimento ao prazer, via reconhecimento, é muito mais longo e não é uma questão de coexcitação sexual; depende do julgamento do outro. Os termos enigmáticos de Freud (1932/2004) para a sublimação assumem um significado preciso sob o olhar da psicodinâmica do trabalho: "É um certo tipo de modificação da meta e mudança do objeto, no qual nossa escala social de valores é considerada, que distinguimos sob o nome de sublimação" (p. 179).

A maneira pela qual a escala de valores sociais é considerada na sublimação parece ser por meio de julgamentos de reconhecimento pelos outros, julgamento de utilidade e julgamento de beleza. A psicodinâmica do reconhecimento no trabalho constitui o *segundo nível de sublimação* e introduz uma nova dimensão: o sucesso da sublimação depende, em grande parte, do julgamento dos outros e da lealdade dos parceiros no que tange ao reconhecimento. Enquanto o primeiro nível de sublimação, o da corpropriação, é estritamente intrassubjetivo.

Para muitos de nossos pacientes, a identidade no final da adolescência é incerta, inacabada e imatura, e o risco de uma crise de identidade, com suas consequências psicopatológicas, não está longe. É por isso que o trabalho, *por meio do* reconhecimento, constitui, em muitos casos, uma segunda chance para a construção da identidade e da saúde mental.

Um novo método de organizar o trabalho: avaliação individualizada do desempenho

Enquanto a colonização do mundo do trabalho pelos novos métodos de gestão estava em pleno andamento, um novo método de organização, intimamente ligado à doutrina gestionária, foi introduzido na maioria das empresas privadas e no serviço público (consulte o Capítulo 2). Trata- se da avaliação individualizada de desempenho. Esse método é apresentado como um meio "objetivo" de avaliar o trabalho de cada indivíduo e torná-lo comparável ao de outros assalariados. A avaliação individualizada baseia-se no princípio de uma análise quantitativa e objetiva do trabalho, por meio da medição dos resultados.

A avaliação do trabalho usando métodos de medição quantitativos e objetivos baseia-se em fundamentos científicos errados. Esse método de avaliação quantitativa é, então, falso e sempre o será. Gera sentimentos de injustiça, que também têm efeitos deletérios sobre a saúde mental.

No entanto, o aspecto mais grave é provavelmente o efeito desse método sobre o trabalho coletivo, na cooperação e o viver-junto. A avaliação quantitativa e individualizada do desempenho coloca todos os assalariados em competição uns com os outros. O sucesso de um colega se torna uma ameaça para o assalariado. Agora é cada um por si, e vale tudo. A desconfiança e o medo se espalham pelo mundo do trabalho. A deslealdade se torna banal. A consideração e a ajuda mútua desaparecem. Não conversamos mais uns com os outros. A solidariedade desaparece. No final, todos se encontram sozinhos no meio da multidão, em um ambiente humano e social que logo assume prismas de hostilidade. A solidão está se abatendo sobre o mundo do trabalho, e isso muda radicalmente a situação no que diz respeito à relação subjetiva com o trabalho e à saúde mental.

Ao contrário do que afirmam alguns autores, o assédio no trabalho não é algo novo. Se, de fato, a quantidade de vítimas de assédio está aumentando consideravelmente, não é por causa do assédio em si, mas por causa da solidão. Diante do assédio, diante da injustiça e, ainda de modo mais trivial, diante das dificuldades do trabalho comum e dos contratempos que toda vida profissional acarreta, não é a mesma coisa lidar com eles tendo a ajuda e a solidariedade dos outros ou encontrar-se sozinho, isolado e em um ambiente humano potencialmente hostil.

A multiplicação atual de casos de suicídios no trabalho não é resultado apenas de injustiça, desgraça ou assédio. É principalmente o resultado da terrível experiência do silêncio dos outros, do abandono dos outros, da recusa dos outros em testemunhar, da covardia dos outros.

Sofrimento ético

É nesse contexto conturbado que alguns trabalhadores acabam aceitando que devem colocar seu zelo a serviço de objetivos que seu senso moral desaprova. Por exemplo, para atingir os resultados financeiros com os quais se comprometeram ao assinar um contrato de metas, eles têm *de fato* que enganar os clientes; para aumentar a produção de sua equipe, é necessário que o "gestor" manipule seus subordinados usando alternadamente promessas e ameaças. Para obter ajuda na arte de enganar o cliente ou de manipular os subordinados, é oferecido treinamento *ad hoc* e são exibidos *scripts* na tela do computador para ajudar o operador a se desviar de perguntas embaraçosas dos clientes ou a escolher as palavras mais adequadas para impressionar os subordinados. Em outras palavras, agora é uma questão de mentir para clientes e subordinados e manipulá-los, sob ordens. As mentiras e a manipulação são prescritas. Quaisquer que sejam os meios utilizados e as violações das normas, a diretoria fará vista grossa se os resultados financeiros forem alcançados.

No passado, os assalariados não teriam concordado em obedecer a essas injunções porque elas contradizem os valores do serviço público e da lealdade com os usuários. Hoje, no entanto, os assalariados hesitam, porque todos os outros, de gestores a colegas, de executivos a subordinados, estão dispostos a colocar seu zelo a serviço de ações que sua consciência moral desaprova.

Isso abre o registro do sofrimento ético, que está relacionado à experiência da traição de si, como vimos no capítulo anterior. O que é grave do ponto de vista psicopatológico é que um dos determinantes suplementares da sublimação é violado. Como também vimos, nossa escala social de valores nos remete ao reconhecimento. Na primeira abordagem que apresentamos, a "escala social de valores" envolvia o julgamento do *outro*. O novo tópico sobre sofrimento ético permite a compreensão de um segundo aspecto da maneira pela qual "nossa escala social de valores é considerada", a saber, o julgamento que o próprio sujeito faz, não apenas sobre a *qualidade* de sua contribuição em termos de produção, mas também sobre o *valor* ético de sua prestação, uma vez que, por meio de sua atividade de produção, o trabalhador compromete, de fato, o destino do outro, em particular o cliente, que somos instados a enganar, ou o subordinado, que deve "ser pressionado" por nós.

Em outras palavras, o trabalho não pode ser reduzido a uma atividade; ele envolve dimensões que são propriamente uma questão de *ação*, no sentido dado por Aristóteles ao conceito de *práxis*: ação moralmente justa. As novas patologias ligadas ao sofrimento ético mostram que, por trás do termo "valor", está implicitamente designado o fundamento ético da sublimação, que engaja no que diz respeito ao narcisismo, a estima de si. Esse é, de certa maneira, o *terceiro nível de sublimação*: quando o trabalho vivo é efetivamente julgado e deliberadamente direcionado para honrar a vida, os efeitos de retorno do trabalho sobre a identidade ou sobre o Eu são refletidos no crescimento da estima de si e do amor de si.

Ao consentir em colocar seu zelo a serviço de ordens e prescrições que desonram a *Kultur*, no duplo sentido do termo alemão de cultura e civilização, os trabalhadores enfraquecem ainda mais os fundamentos intrassubjetivos de sua identidade e se tornam ainda mais dependentes do reconhecimento pela empresa para manter sua identidade. E, de fato, os que estão mais expostos ao risco de suicídio são os trabalhadores mais implicados em suas tarefas. Os "braços-curtos", aqueles que fazem apenas o mínimo acordado com os sindicatos, e os "preguiçosos" não se suicidam quando caem em desgraça.

Ao investigar os suicídios no local de trabalho, a clínica do trabalho sugere que o trabalho engaja a subjetividade e a identidade de todos aqueles que estão autenticamente implicados no éthos do trabalho de qualidade. O trabalho pode gerar o melhor quando abre a porta para a sublimação e possibilita a conclusão de uma atividade socialmente valorizada. Os suicídios no local de trabalho são um fenômeno recente, sendo que os primeiros casos registrados na França datam de 1995. Eles marcam um ponto de virada histórico, uma vez que sinalizam o surgimento de sofrimento ético entre aqueles que são levados, pelas novas modalidades de organização do trabalho, a experimentar a traição de si.

Trabalho vivo e teoria social

Esse ponto de inflexão histórico é uma ameaça aos indivíduos, mas também é uma ameaça à civilização, porque marca a possibilidade de romper a continuidade entre o trabalho ordinário e a cultura. A cultura, de fato, é o que nas obras humanas se acumula ao longo dos tempos para honrar a vida, e as obras humanas são e sempre serão o resultado do trabalho, desde que esse trabalho não seja apenas o trabalho de produção, mas também o resultado de uma exigência de trabalhar sobre si mesmo, de uma *Arbeitsanforderung*, que carimba a produção ou a obra com o selo da subjetividade. Em outras palavras, o trabalho da cultura, o *Kulturarbeit* de Freud, a produção de obras da cultura, também envolve relações de cooperação e transmissão, e implica às vezes a participação de uma grande quantidade de pessoas, seja na construção de pirâmides ou pontes suspensas, na construção de cidades ou instituições, na restauração de monumentos históricos ou no aperfeiçoamento da interpretação de uma ópera. E quando, em vez de reunir contribuições individuais comuns com o entusiasmo de participar de um esforço comum, uma empresa ou instituição destrói o viver-junto necessário para a cooperação, o *Kulturarbeit* não está mais em pauta. Em vez disso, o que se aproxima é o espectro da falência dessa empresa ou o colapso dessa instituição e, se não conseguirmos deter a disseminação desse processo, a decadência da *Kultur*, à qual retornarei no final deste livro.

Como resultado, o trabalho não é neutro com relação ao viver-junto. Ou o trabalho, *por meio da* atividade deôntica, funciona como um poderoso meio de criar e transmitir vínculos sociais cooperativos, ou ele destrói esses vínculos sociais e dá origem à "desolação".

Enfatizo esse ponto porque a clínica do trabalho sugere que o trabalho é a força motriz mais poderosa na formação de vínculos sociais. É para poder cooperar em projetos comuns que os seres humanos buscam caminhos de deliberação coletiva voltados para o entendimento e, ao fazê-lo, se esforçam para afastar os riscos de violência que a economia pulsional, a sexualidade e o inconsciente carregam. Freud (1930/2015) previu isso:

> *Na ausência de qualquer predisposição particular que prescreva imperativamente sua direção para os interesses vitais, o trabalho profissional comum, acessível a todos, pode ocupar o lugar que lhe foi atribuído pelo sábio conselho de Voltaire. A importância do trabalho para a economia da libido não pode ser suficientemente apreciada no âmbito de uma sucinta visão geral. Nenhuma outra técnica para administrar a própria vida liga o indivíduo tão firmemente à realidade quanto a ênfase no trabalho, que certamente o insere, pelo menos, em uma parte da realidade, a comunidade humana. A possibilidade de transferir uma alta proporção de componentes libidinais, componentes narcísicos, agressivos e, mesmo eróticos, para*

> *o trabalho profissional e para as relações humanas que o acompanham, confere ao trabalho um valor que não é de modo algum inferior à sua indispensabilidade para cada indivíduo como um meio de afirmar e justificar sua existência na sociedade. A atividade profissional proporciona uma satisfação especial quando é escolhida livremente e, portanto, quando permite colocar em uso, por meio da sublimação de inclinações existentes, moções pulsionais mantidas ou reforçadas constitucionalmente. (p. 267)*[19]

De fato, as relações de trabalho e a sublimação, sob a perspectiva da clínica do trabalho, parecem estar na raiz do vínculo social. Freud, por outro lado, é mais reservado. Não só a passagem que acabamos de citar aparece apenas em uma nota de rodapé, mas a nota termina com um comentário cético sobre o trabalho:

> *E, no entanto, o trabalho, como um caminho para a felicidade, é pouco apreciado pelos homens. Eles não correm para ele como fazem com outras possibilidades de satisfação. A grande maioria dos homens trabalha apenas por necessidade, e dessa aversão natural ao trabalho que os homens têm surgem os problemas sociais mais complicados.*

Não há continuidade óbvia entre uma teoria do vínculo social baseada no trabalho e na cooperação e a teoria social formulada em *Psicologia das massas e análise do Eu* (Freud, 1921/2010, 1921/2011). Além disso, em sua análise da crise da cultura, Freud faz pouca referência à teoria social de 1921.

O objeto teórico dessa discussão pode ser resumido de modo sucinto: o que está na raiz do vínculo social? O amor (e a libido), como sustenta Freud, ou o trabalho (e a sublimação)? Não o amor e

19 Ver também Sigmund Freud (1930/2010, pp. 67-68).

trabalho, mas amor *ou* trabalho. Isso não é uma afirmação, mas sim uma pergunta endereçada aos psicanalistas interessados na teoria social, uma pergunta que, ao que me parece, constitui um verdadeiro desafio se quisermos retomar a questão fundamental e, em um contexto bastante urgente, a do *Kulturarbeit*.

Várias conclusões podem ser tiradas desse percurso entre a clínica de trabalho e a sublimação.

1. A sublimação não é única. Ela pode ser decomposta em:
   - Um primeiro nível, no qual está principalmente envolvida a relação de si consigo mesmo, entre a corpropriação e o crescimento dos poderes do corpo.
   - Um segundo nível, no qual está principalmente engajada a relação com o outro, entre o reconhecimento e o reforço da identidade.
   - Um terceiro nível, no qual está principalmente engajada a relação com a pólis, com a cultura, com a civilização, entre o *Kulturarbeit* e a realização da ipseidade ou da realização de si.
2. A sublimação não é apenas uma prerrogativa de "grandes homens". Ela pode estar presente em todo trabalho quando este é orientado para a busca da qualidade e quando há um esforço para se respeitar as regras do metiê (éthos profissional).
3. A sublimação, limitada aos dois primeiros níveis, o da corpropriação do mundo e o do reconhecimento por parte dos outros, constitui a "sublimação comum". Embora tenha um efeito poderoso sobre a identidade e a saúde mental, ela pode ser alcançada mesmo quando os esforços de qualidade são colocados a serviço do pior (fabricar armas de destruição em massa, por exemplo, operar trens para transportar "gado humano" para crematórios etc.). Por outro lado, quando a sublimação é deliberadamente ordenada pela preocupação de honrar a vida e assume as exigências do *Kulturarbeit*, produz-se a sublimação no sentido mais clássico

do termo, que poderíamos descrever como "sublimação extraordinária".

4. A sublimação tem o potencial de proporcionar benefícios essenciais para a saúde mental, em termos de aumento da sensibilidade do corpo, da identidade e do amor de si. No sentido inverso, as organizações de trabalho que impedem a sublimação, como o taylorismo ou a avaliação individualizada do desempenho, são deletérios à saúde mental. O trabalho não pode ser neutro com relação à saúde mental: ou ele gera o melhor por meio da sublimação ou gera o pior, a ponto de o sofrimento ético poder levar à ruína do amor de si e à passagem ao ato suicida.
5. O trabalho ao vivo pode muito bem desempenhar um papel essencial na estruturação ou desestruturação do vínculo social. A renúncia à satisfação sexual da pulsão (*Triebverzicht*), na origem da sublimação, talvez seja uma melhor candidata do que a libido e o amor para refletirmos sobre a natureza do vínculo social, como Freud argumenta em *Psicologia das massas e análise do Eu*.

4. A psicanálise é uma profissão, um metiê

O texto de Freud "Recordar, repetir, (per)elaborar" é considerado por muitos autores como uma obra de grande importância sobre a técnica analítica. Esta última foi, sem dúvida, uma preocupação constante em toda a sua obra. No entanto, o próprio termo "técnica" é rejeitado por muitos psicanalistas, assim como o termo "profissão ou metiê, com base no fato de que a psicanálise se baseia no uso de funções e aptidões psíquicas do analista que não podem ser acomodadas na estrutura excessivamente prosaica e estreita da técnica e da profissão. Se esses dois últimos termos suscitam reticências, é porque a prática da psicanálise mobilizaria aptidões que não seriam exigidas em qualquer outra profissão, exceto, talvez, em certas situações de criação artística. Talvez seja aceitável considerá-la como uma arte, mas não como um metiê.

Freud, no entanto, faz uso extensivo do termo "técnica". Em "Recordar, repetir, (per)elaborar", um texto curto, essa palavra aparece nove vezes. E, de fato, a referência é muito precisa. Ela diz respeito principalmente à maneira como Freud tenta explicar como ele aborda a dificuldade causada pela repetição e como tenta abrir a passagem da repetição para a perlaboração. Há nesse texto outras dimensões conceituais para os três termos, "memória", "repetição" e "perlaboração", que dizem respeito à teoria e à metapsicologia. Parece-me, no entanto, que também merece ser discutido nesse registro da técnica, a fim de saber se podemos ou, pelo contrário, devemos evitar o uso dessa palavra na psicanálise. Essa discussão não é simples, pois implica esclarecer o significado do termo e situá-lo com relação a outros que estão intimamente ligados a ele.

O método

Começando com o termo "método". Aqueles que rejeitam o uso da palavra "técnica" geralmente preferem o termo considerado mais elegante, o "método". Técnica e método se sobrepõem parcialmente e, às vezes, são considerados equivalentes, mas o termo "método" tem vários significados. Talvez a definição mais próxima do que estamos falando aqui seja: "o caminho racional da mente para chegar ao conhecimento ou à demonstração de uma verdade". O que pode se aproximar desta outra formulação: "um conjunto de princípios, regras e etapas ordenado de maneira lógica e que constitui um meio para alcançar um resultado. Por exemplo: método científico".

O método, portanto, diz respeito à operação ou como a mente aborda, por um lado, e à racionalidade dessa abordagem, por outro; não de modo absoluto, mas em relação ao objetivo de apreender uma verdade particular e situada.

Freud às vezes usa o termo "método", mas com muito mais frequência ele fala de técnica ou procedimento. A diferença entre método e técnica decorre do fato de que o método é uma extração mais abstrata do que está em ação na prática da psicanálise do que aquilo que é abrangido pela técnica. Em outras palavras, a técnica é uma noção mais ampla do que o método. O método indica o objetivo, a direção, a linha e diz respeito, antes de mais nada, ao que é realizado no registro da mente. A técnica, por outro lado, engloba em torno do método os meios de ação, os procedimentos – "a psicanálise é um *procedimento* médico que visa à cura de certas formas de nervosismo (neuroses) por meio de uma *técnica* psicológica" (Freud, 1913/2005).

Embora Freud faça pouco uso do termo "método", ele deve ser reconhecido como tendo uma relevância precisa: o método fundamental da psicanálise é a associação livre. A esse respeito, *Psicopatologia da vida cotidiana* (Freud, 1901/2021) é uma referência essencial para demonstrar o poder da associação livre como um método para chegar à verdade das operações falhas, atos falhos, em outras palavras,

> *o esquecimento de palavras e nomes familiares, o esquecimento de projetos, o equívoco da fala, o equívoco da leitura, o equívoco da escrita, o fato de colocar por equívoco coisas em lugares de modo que não possam ser encontradas, o fato de perdê-las, certos erros cometidos quando sabemos do que estamos falando, em muitos gestos e movimentos habituais. (Freud, 1913/2005)*

O Capítulo 2 de *A interpretação dos sonhos* também dá indicações substanciais do método (Freud, 1900/2009). E se quiséssemos completar a caracterização do método psicanalítico, poderíamos dizer que a "associação livre" solicitada ao paciente exige como contraponto, por parte do analista, "a atenção flutuante".

Como implementar esse método? Trata-se de um repertório diferente, uma vez que envolve a regra fundamental, mas não exclusivamente: o paciente também tem que se deitar no divã, o psicanalista tem que se sentar em uma poltrona atrás do divã, e há ainda outros meios, como a regularidade das sessões e, por vezes, intervenções do psicanalista para desvendar os obstáculos que, no paciente, se opõem à associação livre: analisar a resistência...

O corpo

A técnica, portanto, é muito mais ampla do que o método, mas ela também envolve mais do que apenas a atividade da mente. Implica uma certa disposição dos corpos. Para ser mais radical: a técnica é sempre uma técnica do corpo. De modo geral, os psicanalistas não estão interessados na técnica, ou nos complexos debates que envolvem a tecnologia, entendida aqui não no sentido inglês de *technology*, mas no sentido francês de "ciência que lida com as questões levantadas pela técnica". Em geral, ainda se pensa que as discussões sobre a técnica são da alçada das ciências da engenharia. Isso é verdade, mas está incompleto. As ciências humanas também estão interessadas nas técnicas, em sua *gênese*, que nem sempre é um assunto para as ciências da engenharia, mas que surge por meio do trabalho vivo; o que elas significam por meio de seu próprio uso, no registro da *inteligência humana* – da antropologia biológica (Leroy-Gourhan) à antropologia social (Descola) – e aquilo que *transformam nos seres humanos* (antropologia histórica). Isso levou muitos autores a afirmar que a tecnologia é uma ciência humana (Haudricourt, 1987; Sigaut, 1990). Quando, em 1934, Marcel Mauss (2021) definiu a técnica como um "ato tradicional eficaz" em seu livro *As técnicas do corpo*, ele enfatizou o papel da *tradição*, a tal ponto que, sem ela, não pode haver aprendizagem ou transmissão e, sem ela, a técnica não pode existir. Isso está muito longe das ciências da engenharia. Nesse célebre artigo, Mauss mostra como o uso do corpo é permeado pela técnica. E podemos mostrar, ao contrário, que o corpo está implicado em toda técnica.

Sobre esse envolvimento do corpo na técnica analítica (além do dispositivo divã-poltrona para retirar a possibilidade de que o paciente olhe para o analista e a regra da abstinência), Freud não fala. O dispositivo divã-poltrona, por exemplo, envolve o corpo de várias maneiras, em ambos os lados: a posição deitada, na qual o analista não pode ser visto, favoreceria a regressão e a associação livre no paciente; a posição sentada, ao abrigo do olhar do paciente, favoreceria no caso do analista a manutenção da atenção flutuante. Mas a associação livre é puramente verbal? Uma ideia incidental pode causar taquicardia, um grito ou o choro no paciente. A resistência pode se manifestar por um silêncio, mas também pode ser acompanhada por uma transpiração fétida que direciona a atenção do analista para uma construção específica. Por outro lado, os sons do corpo do analista (sua respiração, um suspiro, um espirro) podem provocar uma nova série associativa no paciente, que não teria ocorrido se o corpo do analista não estivesse presente durante a sessão. Na era do coronavírus e da tentativa de muitos psicanalistas de usar a mediação por computador ou telefone, como podemos deixar de levantar a questão sobre a distorção da técnica analítica?

A regra

Se a técnica é um "conjunto de procedimentos e meios específicos para uma atividade" (*Larousse*), a questão que se coloca é a de sua transmissão. O fato de que essa transmissão ocorre por meio da "imitação da pessoa de prestígio", como Mauss estipula, não exclui de modo algum o fato de que ela também ocorre por meio de recomendações ou conselhos verbais ou escritos, como sugere o título do artigo de Freud "Conselhos ao médico no tratamento psicanalítico" (1912). Do conselho para a regra, há apenas um pequeno passo, mas, para situar teoricamente o conceito de regra, o que significa "seguir uma regra"? Isso exigiria uma longa elaboração, o que não é possível fazer aqui, uma vez que esse tema deu origem a muita controvérsia na comunidade científica.

Ao lado "da" regra fundamental, Freud enuncia muitas outras, como a regra da abstinência. Em "Recordar, repetir, (per)elaborar", "adivinhar, a partir das ideias livres incidentes do analisando, aquilo que ele não consegue lembrar" é uma regra?

> *Renunciar a se concentrar em um determinado momento ou um determinado problema, contentando-se, assim, a cada vez, em estudar a superfície psíquica do analisando usando essencialmente a arte da interpretação para reconhecer as resistências que surgem nessa superfície e torná-las conscientes para o paciente.*

Essa é certamente uma regra.

> *Esse estado de doença é, portanto, trazido peça por peça para o horizonte e para o campo de ação da cura: e enquanto o paciente o experimenta como algo real e atual, temos de realizar o trabalho terapêutico ali, que consiste, em grande parte, em trazer as coisas de volta ao passsado.*
>
> *A tática que o médico deve adotar . . . é fácil de justificar. Ele se organiza em vista de um contrato permanente com esse paciente, a fim de reter no domínio psíquico todos os impulsos que o paciente gostaria de direcionar para as habilidades motoras . . . . A melhor maneira de proteger o paciente dos danos que ele sofreria ao realizar seus impulsos é obrigá-lo a não decidir sobre algo vital durante a cura, como escolher uma profissão ou um objeto de amor definitivo.*

"O principal meio de domar a compulsão à repetição por parte do paciente e transformá-la em um motivo de recordação está no manejo da transferência . . .", complementado mais adiante por: "e substituir sua neurose comum por uma neurose de transferência". "Deve-se dar tempo ao paciente para que ele mergulhe na resistência que lhe é desconhecida, para perlaborá-la, para superá-la, enquanto, desafiando a resistência, ele continua o trabalho em acordo com a regra fundamental da análise". "O médico, então, não tem nada a fazer a não ser esperar e deixar que se realize o desencadeamento do processo, o que não pode ser evitado e nem sempre pode ser acelerado."

O artigo de Freud está repleto de regras. Há muitas outras ao longo de sua obra. Se, de fato, a prática da psicanálise é regida por um conjunto de regras reconhecidas e implementadas por seus pares, temos de admitir que se trata, de fato, de uma profissão, um metiê. Tão complexa que Freud (1937/2010) a qualifica como "profissão impossível" (p. 50).

Regra de profissão (metiê)

A relutância de alguns analistas em admitir a relevância das noções de técnica e metiê para caracterizar a psicanálise talvez decorra de uma compreensão errônea do conceito de "regra de profissão ou de metiê". Quer a regra seja enunciada na forma de uma recomendação, conselho ou prescrição, ela nunca implica uma estrita execução. As ciências do trabalho mostraram que, mesmo quando uma ordem (uma forma muito menos refinada do que uma regra) é emitida, a pessoa que responde a ela nunca a executa estritamente. Até mesmo no exército, onde a disciplina é máxima, se os homens se limitarem à estrita execução das ordens, será um exército derrotado. No exército, sabemos que "é necessário interpretar as ordens". *A fortiori*, quando se trata de regras, que são muito mais complexas do que ordens, não se pode falar em uma estrita execução.

Aqui entramos em uma área de grande controvérsia científica: o que significa "respeitar uma regra"? Sem entrar em todos os detalhes, pelas razões aqui indicadas, podemos dizer que, para respeitar uma regra, é necessário primeiro compreendê-la, o que não é nada evidente, como podemos nos dar conta ao ler aquelas que Freud escreve no artigo citado. A regra, para plagiar Laplanche, é uma "mensagem", e compreendê-la envolve a tradução da mensagem. Essa tradução, por sua vez, está sujeita, porém, a um processo de "destradução-retradução" pelo psicanalista. Não compreendo mais essas regras como as compreendia há trinta ou quarenta anos. E minhas ações como psicanalista mudaram de fato, porque ajo de acordo com o que compreendo.

Há muitas outras considerações sobre o que significa "respeitar uma regra" que devem ser incluídas aqui. Mencionarei apenas duas:

- Respeitar uma regra, às vezes, significa a transgressão, por vezes intencionalmente e por vezes não intencionalmente. Toda regra funciona como um parâmetro, um ponto de referência, e respeitar uma regra significa seguir um caminho tortuoso que contorna a regra.
- Respeitar uma regra, às vezes, significa contestá-la. Sob certas condições, que são tão precisas quanto restritivas, desafiar a regra é a condição *sine qua non* para que ela evolua. Pois é da própria natureza de uma regra ter que evoluir. As patologias evoluem com o contexto histórico, e é por isso que a profissão de analista hoje não é exatamente a mesma da época de Freud.

Transmissão da técnica analítica

A supervisão é o instrumento que a psicanálise desenvolveu para assegurar a transmissão da profissão. Ao considerar o que foi enunciado aqui em relação à técnica, a supervisão está repleta de contradições. Por um lado, é uma questão de transmitir recomendações, conselhos ou regras. Por outro lado, o analista em treinamento terá de traduzi-las e retraduzi-las. Consequentemente, ele não usará a regra transmitida da mesma maneira que faz o supervisor, e o analista em treinamento praticará a análise de outro modo que seu supervisor. Em última análise, o mais importante na supervisão não é apenas não se opor ao uso personalizado da técnica pelo analista em treinamento, mas também favorecer seu percurso pessoal. O fato é que cada analista em treinamento tem seu próprio caminho a seguir.

Assim, considerar que todos os usos da técnica sejam equivalentes e aceitáveis e, como consequência, apregoar que não há técnica psicanalítica, é justamente o que não deve ser feito. A psicanálise é demarcada por uma técnica e por regras, e todo analista deve ter condições de explicitar o uso que faz da técnica, por um lado, e de justificar as alterações que é levado a fazer em determinada circunstância com relação à técnica, por outro. É papel da instituição psicanalítica retomar incansavelmente as discussões sobre a técnica com todos os seus membros e alunos, a fim de garantir sua continuidade e, por vezes, fazer com que evoluam consensualmente.

O "princípio"

Antes de falarmos do metiê, das regras, da técnica e do método, é necessário situar a noção de "princípio". Se, como vimos, um método é "um conjunto logicamente ordenado de princípios, regras e etapas que constituem um meio para alcançar um resultado", então no que consiste um princípio? É um "padrão que constitui uma referência baseada em considerações teóricas, valores sobre os quais deve ser regulada uma ação ou a sua condução" (dicionário *Lalande*). E, de acordo com o dicionário *Littré*: "máxima, regra de conduta, princípio moral".

"Não tentarei hoje apresentar-lhes a técnica [analítica] que ainda está em processo de desenvolvimento", escreve Freud (1918), "mas me contentarei em destacar um *princípio* que provavelmente reinará nesse campo. É o seguinte: a cura analítica deve, na medida do possível, ser realizada em privação – abstinência". Seguindo as orientações de Laplanche (1987/1998) no que diz respeito à prática, penso que o princípio da psicanálise é a frustração (*Versagung*):

> *Outra frustração essencial . . . é a recusa de um certo tipo ou de certos tipos de discurso. Setores consideráveis das modalidades de linguagem são assim excluídos; assim, em primeiro lugar, a recusa do discurso no modo de responder*

> *a perguntas; mas há muitas outras recusas, nem que seja a recusa do conselho, a recusa da injunção... (p. 23)*
>
> *As* frustrações do analista *[para retomar esse termo utilizado para traduzir Versagung]: a recusa de saber, que é, antes de tudo, frustar a si mesmo o saber e o pré-saber; e, por outro lado, a frustração de reduzir o sexual ao nível da adaptação; essas frustrações do analista que estão, em minha opinião, na própria base do fenômeno da transferência, devem ser situadas em* um eco das frustrações dos adultos, *do mundo adulto, em relação à criança. (p. 309)*

Se, no texto citado anteriormente, Freud fala de princípio, não é inadvertidamente, pois ele especifica que este último "provavelmente está destinado a reinar sobre esse campo" (o da técnica analítica).

Esse princípio merece ser comentado e explicado. Vou me limitar a algumas características. A frustração refere-se à recusa em dar ao paciente explicações, justificativas e argumentos teóricos em resposta às suas questões. Em seguida, consiste em frustrar ao paciente ajuda e amor em resposta a seu pedido e sofrimento. Por fim, consiste em frustrar-se a dar conselhos ou soluções com relação à orientação, às escolhas e às decisões do paciente. A frustração é mantida ao paciente enquanto o psicanalista pensar, ou acreditar, que o paciente será capaz de suportar o trabalho psíquico que precisa ser feito para encontrar a resposta adequada por conta própria. Não apenas para que o paciente possa experimentar a satisfação de ter superado a dificuldade por si mesmo, mas, sobretudo, porque a melhor resposta é, sem dúvida, aquela que foi elaborada pelo próprio paciente.

A frustração é um princípio difícil de honrar porque, se faz o paciente sofrer, também faz o analista sofrer, que teme que o sofrimento do paciente aumente e leve à descompensação psíquica ou somática, enquanto seria muito fácil para o analista aliviar o sofrimento do paciente com uma simples resposta e, ao mesmo tempo, livrar-se do medo de ter sido desnecessariamente cruel e da responsabilidade que seria minha se, no final, o paciente descompensasse.

Por fim, o princípio da frustração não se baseia apenas em considerações teóricas, mas também em referências a valores, como indica a definição do termo citada anteriormente. Como resultado, o princípio da frustração abrange toda a ética da análise: respeitar o poder do indivíduo de traçar seu próprio caminho, por conta própria, em direção à autonomia. O texto "Recordar, repetir, (per)elaborar" conclui com a seguinte proposição:

> *Na prática, essa perlaboração das resistências pode se tornar uma tarefa árdua para o analisando e um teste de paciência para o médico. Mas, apesar disso, é a parte do trabalho que tem o maior efeito sobre o paciente e que diferencia o tratamento analítico de qualquer influência exercida pela sugestão.*

Parece-me que toda a técnica apresentada neste texto não tem outro propósito senão o de apresentar ao leitor os meios e procedimentos que Freud propõe para honrar o princípio teórico e ético da frustração. Admitindo que a técnica tem, de fato, um lugar na psicanálise, só então poderemos mostrar que a profissão de analista inventada por Freud é a única profissão entre todas as outras a ser organizada com base no princípio da frustração.

Esse percurso pela análise da técnica e da profissão (metiê), ou seja, o que há de mais prosaico na psicanálise, nos afasta muito de uma visão romântica e idealizada que pode até mesmo chegar ao ponto de afirmar uma dimensão messiânica da psicanálise. Mas a passagem da investigação pelo que há de mais trivial e realista na psicanálise como prática, o que a torna um metiê, talvez seja o que mais nos aproxima da sublimação. Pois, sem todos os constrangimentos materiais e imateriais que a técnica impõe ao psiquismo como um requisito para o trabalhar de si sobre si mesmo a fim de adquirir as habilidades exigidas pela prática da psicanálise, não é possível se beneficiar da transmissão de uma tradição de metiê e, portanto, ter acesso à dimensão extraordinária da sublimação.

Conclusão

Ameaças à cultura

Esse percurso pelos mistérios da sublimação é, sem dúvida, desconcertante para o leitor acostumado a buscar a chave para esse enigmático processo psíquico no estudo das obras de arte. Há algo misterioso no gênio criativo que parece tão impenetrável que não podemos deixar de atribuí-lo à mão invisível de algum poder mágico. Talento e dom são os nomes que damos a esse poder. A própria ideia de um dom excepcional nos faz olhar para fora para encontrar sua fonte, para cima, para o céu, para a fada benevolente, a musa ou os deuses.

No século XVIII, o poeta e dramaturgo alemão Friedrich von Schiller (1759-1805), ao longo de seu itinerário como artista, dedicou-se paralelamente à criação de um corpo de trabalho filosófico que buscava desvendar as forças da graça, do sublime e do patético.[20] E, no entanto, imerso em referências gregas, ele já estava procurando na direção do interior do ser humano os recursos do gênio criativo,

20 Consulte "De la grâce et de la dignité", "Fragments sur le sublime" e "Du pathétique", todos os três de 1793.

que ele situava na dualidade fundamental entre dois instintos ou duas pulsões: a pulsão sensível (*sinn-licher Trieb*) e a pulsão formal ou racional (*Formtrieb*). E o advento do gênio dependia da construção de um acordo, ou melhor, de uma harmonização das forças inerentes a essas duas pulsões ("Über bereinstimmende...", 1795/1992, p. 11).

Em sua correspondência com seu amigo Christian Gottfried Körner (*Kalliasbriefe*) e em suas *Cartas sobre a educação estética do homem*, Schiller estudou a relação entre a beleza, a autonomia, a moralidade e a liberdade, a ponto de fazer da educação estética um caminho de acesso, aberto a todos os indivíduos, para a construção de uma sociedade de seres humanos livres.[21] Um século mais tarde, Freud, seguindo os passos de Schiller, a quem ele se referia com tanta frequência, prosseguiu com a pesquisa em direção ao interior do ser humano: em direção às pulsões, como Schiller havia feito, introduzindo a ideia de uma transformação direta de sua dimensão sexual em proveito de atividades socialmente valorizadas. Ao fazer isso, ele explica o que mobiliza o gênio criativo, mas deixa o enigma do gênio em si sem solução. Com Jean Laplanche, a pesquisa deu mais um passo nessa direção ao localizar a inspiração, não nos céus, mas na mensagem comprometida pelo sexual que chega ao indivíduo pelo outro adulto desde a infância, mesmo antes do acesso à linguagem. A obra seria então um modo particular de tradução pelo artista dessa mensagem enigmática (Laplanche, 1999).

Não acredito que neste livro eu tenha desvendado o mistério do gênio criativo. Principalmente, procurei fazer a investigação em uma tentativa de desvendar os meios e instrumentos com os quais o indivíduo deve lutar para forjar as habilidades sem as quais nenhuma obra pode advir. E, em vez de procurar a chave para a sublimação em seus resultados, em suas produções mais admiráveis, voltei minha

21 Beiser (2005, pp. 213-237). (Gostaria de agradecer a Davis Wittmann por ter me dado acesso a essa obra).

atenção para as condições materiais mais concretas e prosaicas que são a passagem essencial para qualquer sublimação possível. E, ao longo desse percurso, tentei mostrar que, na origem da sublimação, há a *inteligência do corpo*. Os poderes do corpo que são revelados no confronto com o *real*, ou seja, com o que é dado a conhecer àquele que trabalha por sua resistência à maestria, nos permitem identificar, *in statu nascendi*, o surgimento do gênio da inteligência. O gênio não seria revelado a partir de uma posição de Sirius, de onde lançaríamos um olhar sobre a obra realizada, mas, ao contrário, seria identificável a partir de uma posição realista, onde procuramos saber, no meio da luta inicial com a resistência da matéria a ser trabalhada, como o gênio emerge dos poderes do corpo. O gênio é o resultado da resistência diante do fracasso, da perseverança até o ponto da obstinação na busca, para encontrar a maneira de superar a resistência que o real impõe à liberdade da vontade.

A ideia para esse caminho de investigação vem da clínica do trabalho. Desde o início, a pesquisa na psicodinâmica do trabalho se concentrou prioritariamente naqueles que estão na base, os mais distantes do topo, na hierarquia do prestígio e da sublimação artística. E, depois de um longo desvio, descobrimos que, mesmo nas tarefas mais reduzidas (fragmentadas), no trabalho repetitivo sob constrangimento de tempo, na linha de montagem, nas organizações de trabalho que podem ser descritas como "antissublimatórias", mesmo assim, ainda era necessário, para poder manter a produção, desenvolver habilidades, por vezes, altamente complexas, cuja aquisição é, no entanto, uma questão de sublimação, mesmo que reduzida ao seu mínimo possível.

Para aprofundar a análise sobre a sublimação, Apolo, o deus das artes e o ideal de beleza masculina, acompanhado pelas nove musas, são guias magníficos. Porém, para entender seus segredos, precisamos também pesquisar sobre Hefesto, o deus expulso do Olimpo por Hera ao nascer, por causa de sua feiura, afligido por um mancar irreparável causado pelo impacto violento de seu corpo contra a terra. Na obscuridade da caverna em Lemnos, onde ficou abrigado sem ser visto por nove anos, ele aprendeu as habilidades do caldeireiro, do joalheiro e de todos os outros metiês. Apolo, o deus das artes, mas também Hefesto, o deus dos artesões! A mitologia os separa radicalmente. A sublimação, ao contrário, incitaria a aproximá-los.

É sobre essa disjunção que desejo voltar: por que a teoria psicanalítica replica o imaginário contido na mitologia grega, embora a clínica não possa ignorar a importância do trabalho na vida dos pacientes? Qual é o *status* dessa ignorância: ela se origina de uma negação coletiva da percepção da realidade por parte dos psicanalistas? Quais são as consequências dessa ignorância para a concepção psicanalítica da relação entre o indivíduo e a *Kultur*, essa entidade complexa cujo termo alemão conota as duas dimensões da cultura e da civilização?

Essa recusa da percepção da realidade não é exclusiva da psicanálise. Ela tem sido transmitida pela ciência e pela filosofia desde a Antiguidade. O suposto desprezo pelo trabalho na filosofia grega foi transmitido através das gerações pelos autores, incluindo Hannah Arendt, que, em *A condição humana*, o opõe constantemente à ação, que é adornada com todo tipo de nobreza. Entretanto, a análise crítica com relação àquilo que a tradição dominante na história da filosofia transmitiu até nossos dias teve novos desenvolvimentos, graças a autores como Emmanuel Renault, Jean-Philippe Deranty, Franck Fischbach, Nicholas H. Smith e Alexis Cukier (Renault, 2012; Deranty, 2013; Fischbach, 2015; Smith, 2013; Cukier, 2018). Essas pesquisas críticas mostram que a importância do trabalho não foi ignorada por vários filósofos, a começar por Aristóteles e Platão, e que ele é objeto de análises aprofundadas não apenas por autores como Hegel, Marx, Simone Weil e Yves Schwartz, mas também ocupa um lugar de destaque no trabalho dos filósofos da primeira Escola de Frankfurt, e é até mesmo central para John Dewey (Dewey, 1916/1975).

A recusa do trabalho vivo não se limita à filosofia e à psicanálise. Ela pode ser encontrada na estruturação do conjunto da ciência. Em quase todas as disciplinas há uma hierarquia de prestígio apoiada pelas instituições acadêmicas. E as disciplinas que se dedicam ao trabalho inevitavelmente se veem relegadas à parte inferior da escala de valores: na filosofia, é a história da filosofia que está no topo, e a filosofia do trabalho é vista com condescendência. O mesmo se aplica à antropologia, em que a antropologia do trabalho é inferior em dignidade à antropologia das línguas ou dos povos indígenas. Na história, na medicina, na psicologia e na economia, a especialização no campo do trabalho sempre significa um declínio no âmbito do prestígio acadêmico.

Portanto, não é surpreendente que a psicanálise também considere a questão do trabalho com um certo desdém. Por outro lado, tanto como a filosofia e a antropologia, ela tem um respeito inabalável pelas questões relativas à *Kultur*. Freud chegou a cunhar um novo termo, *Kulturarbeit*, que não é bem traduzido, oscilando entre trabalho cultural, trabalho de cultura e trabalho da cultura. Um estudo exaustivo de suas ocorrências na obra de Freud foi proposto por Éric Smadja (2013), que mostra a maneira pela qual Freud procurou explicar a relação entre o indivíduo e as pulsões sexuais, de um lado, e *Kultur*, de outro, em ambos os sentidos: um relativo a questões sobre as possibilidades e os limites do engajamento do indivíduo com a *Kultur*; o outro examinando a maneira pela qual a cultura consegue ou não penetrar e moldar a subjetividade.

Nathalie Zaltzman (1998) já havia abordado o conceito de *Kulturarbeit* de uma maneira bastante original. No início de sua investigação, ela escreveu que

> *para chegar à doença, o tratamento analítico deve tratar o homem, o ser psíquico, o sujeito, e nem mesmo o sujeito como pessoa, mas o sujeito como sujeito da condição*

> *humana, como portador de uma realidade psíquica que, a rigor, é tanto sua quanto do agrupamento humano que faz dele o que ele é. (p. 8)*

Ela especifica mais adiante que explorará

> *as dificuldades de explicar os resultados do tratamento analítico em termos estritamente individuais e a necessidade para considerar a cura analítica de levar em conta os modos de aliança e desalinhamento entre a evolução psíquica individual e a evolução do conjunto humano. (pp. 8-9)*

("O agrupamento humano" é uma expressão que Zaltzman usa para designar a sociedade, a história, a cultura e a civilização. "O *Kulturarbeit*", escreve ela, é a "passagem forçada das transformações psíquicas impostas à história da humanidade e à história singular de cada indivíduo como resultado das dependências constitutivas mútuas entre o indivíduo e a espécie" [p. 14]).

Mesmo quando uma civilização entra em colapso e "desnuda até os ossos tudo o que é tão perecível na organização da realidade humana" (p. 18), permanece aquela propriedade geral, aquele "processo psíquico individual ativo ... que pode ser chamado de *Kulturarbeit*, que consiste em uma certeza inconsciente ... uma afirmação da vida, um assentimento à realidade comum ... onde o homem existe para o homem". O *Kulturarbeit* que preside o entrelaçamento entre o indivíduo e o grupo humano é entificado e hipostasiado por Nathalie Zaltzman. Ela atribui sua origem a uma herança filogenética, adotando de fato a concepção lamarckiana de evolução à qual Freud subscreveu: "O inconsciente individual", escreve ela,

> *não existe em autorreferência, mas principalmente por meio de sua referência ao agrupamento .... O indivíduo, massivamente forçado a morrer, investe além de sua*

> *própria morte um devir que vai além dele e do qual, mesmo na morte, ele não deixa de participar. (p. 23)*

Essa hipostasia do *Kulturarbeit* e de seu enraizamento no inconsciente implica uma metapsicologia diametralmente oposta à de Jean Laplanche (1999b), à qual me referi ao longo deste trabalho. Levar em conta minhas reservas sobre a metapsicologia de Zaltzman de modo algum a desqualifica no que ela busca compreender sobre o *Kulturarbeit* e seu lugar no trabalho psicanalítico e na cura.

Sobre *Kultur*, ela escreve:

> *Faz parte da* civilização, *designando a existência de uma evolução na história humana e suas diferentes etapas; faz parte da* cultura *no sentido de que esse termo designa a soma total das realizações e dispositivos pelos quais nossa vida se afasta de nossos ancestrais animais e que servem a dois propósitos: a proteção do homem contra a natureza e a regulação dos homens entre si. (Zaltzman, 1998)*

Sobre o lugar do *Kulturarbeit* na psicanálise, ela escreve em seguida:

> *O método psicanalítico teve de ser inventado para revelar a existência desse processo psíquico, como ele funciona para a evolução humana e seu status tópico duplamente híbrido: consciente-inconsciente, singular-coletivo. O que é alcançado na progressão de uma análise é chamado por Freud precisamente de* Kulturarbeit. *É por meio desse processo que ocorre a cura psicanalítica, por meio desse processo de "aculturação". (Zaltzman, 1998, p. 44)*

O termo "aculturação" é então proposto por Nathalie Zaltzman como uma possível tradução do termo *Kulturarbeit*. E, nesse caso, penso que o que tentei mostrar neste trabalho aqui dedicado à sublimação converge com o ponto de vista de Zaltzman. No centro do processo da cura analítica está um "trabalho" psíquico realizado pelo paciente, ao qual podemos muito bem dar com ela e, como ela sustenta, com Freud o nome de *Kulturarbeit*. No entanto, deve-se ressaltar que, se Freud de fato compara o trabalho analítico do paciente ao *Kulturarbeit*, isso ocorre em um único texto: a XXXIª lição da *Nova sequência de lições introdutórias sobre psicanálise* (1933), intitulada "A decomposição da personalidade psíquica". Contudo, em um grande número de textos sobre técnica analítica, ele dá a esse trabalho um conteúdo muito mais numeroso e diferenciado, como vimos no Capítulo 4. "Aculturação", no sentido de Zaltzman, e "sublimação", no sentido que tento dar a esse termo neste livro, são processos homólogos.[22] Entretanto, isso não é apenas uma questão de homologia, uma vez que, nos detalhes dos elos intermediários dentro desses dois processos, há diferenças importantes, as quais tentarei resumir.

No curso de um tratamento analítico, tanto a "aculturação" quanto a "sublimação" têm uma vocação para combater a destrutividade (a pulsão de morte):

> *Enquanto Eros inventa processos de ligação, organizações de desejos, possíveis caminhos de aliança entre as exigências pulsionais do Isso e as demandas narcisistas do Eu; [a pulsão de morte] exige do indivíduo e do agrupamento humano que o* Kulturarbeit, *obra conjunta do singular e do "grupo", invente uma alternativa para a*

22 A "aculturação" ou *Kulturarbeit* tem vínculos teóricos estreitos com a sublimação no sentido freudiano do termo. O próprio Freud a menciona explicitamente em vários textos. Porém, a "sublimação", no sentido que estou tentando argumentar neste livro, amplia significativamente seu conteúdo conceitual e seu campo de aplicação em relação a Freud. Quando me referir à "sublimação" no sentido dado a ela neste livro, eu a colocarei entre aspas.

atratividade da morte e a atratividade da autodestruição. (Zaltzman, 1998, p. 33)

As diferenças entre "aculturação" e "sublimação" podem ser bem elucidadas a partir da concepção de Nathalie Zaltzman sobre a obra de arte e, mais especificamente em seu livro, sobre as obras literárias. Referindo-se a *É isto um homem?*, de Primo Levi, e *A espécie humana*, de Robert Antelme, ela escreve que "seria vulgar e redutor designá-los como crônicas dos campos de concentração ou literatura de testemunho" (Zaltzman, 1998, p. 24). E mais adiante: "Como podemos dar a essa nova categoria de escrita todo a sua envergadura, como podemos explicar seu papel de fermento na evolução do espírito humano?". O objetivo aqui buscado é o "trabalho cultural". "Ela fala a cada um de nós de uma experiência da morte [...] e de uma transgressão dessa matança e da superação dessa condenação à morte por meio do *Kulturarbeit* realizado pela literatura".

A questão levantada por Nathalie Zaltzman é a das condições sob as quais as obras literárias podem se tornar parte da *Kultur*, ou mesmo contribuir para a *Kultur*. Ela prossegue dizendo: "Nem ensaios históricos, nem documentos clínicos, nem relatos biográficos, nem obras romanescas, nem testemunhos no sentido da evidência, esses livros são efetivamente uma obra da *Kulturarbeit*". E, sobre esse assunto, ela cita Varlam Chalamov: "*Os relatos são minha alma, um olhar sobre tudo que me é inteiramente pessoal e, nesse sentido, único*". "Porque os relatos colocam os indivíduos em uma situação extrema *que nenhum escritor ainda descreveu*: a do homem nas fronteiras do transumano." "E minha prosa fixa esse nada humano que permanece no homem nesse estado" (Chalamov, 1993, p. 48). Nathalie Zaltzman (1998) acrescenta: "Não resta nada de humano, e um nada resta que é o mais humano . . . esse resquício relacional é mantido vivo pela função impessoal da linguagem, capital libidinal constituído pelo agrupamento humano e por aqueles que o constituem" (p. 25). E citando Shalamov novamente: "O escritor escreve no idioma daqueles em cujo nome ele escreve", *os mortos*, "correndo o risco de não ser compreendido por aqueles para quem escreve", *os vivos*.

E Zaltzman prossegue citando a tradutora de Shalamov, Christiane Loré: "Não há nada nos Relatos que não seja um triunfo do bem e uma vitória sobre o mal (Loré, 1993, p. 16). "Todo relato é um documento, *um documento sobre o autor*, e é provavelmente essa qualidade que torna os *Relatos de Kolimá* uma vitória do bem sobre o mal, e não o contrário" (p. 30). O avanço, a transformação, a vitória foram alcançados *por meio do exercício mais subjetivo de se obrigar a tornar-se inteligível para os outros*" (Zaltzman, 1998, p. 26). E mais adiante: "A transfiguração realizada pelo processo de criação, de *Kulturarbeit*, transforma o documento-veredicto que testemunha a destruição em um documento de ressurreição".

Esta análise sobre a obra literária feita por Nathalie Zaltzman precisa ser saudada por sua profundidade. E, ao longo de seu livro, ela usa obras literárias de vários autores com a mesma penetração/discernimento/perspicácia.

Nas citações anteriores, sublinhei certas passagens do texto de Zaltzman e dos autores que ela cita (Chalamov e Loré). E é nessas passagens que se situam as diferenças entre "aculturação" e "sublimação".

Nathalie Zaltzman procede da mesma maneira que Freud. Para compreender a relação entre o indivíduo e a *Kultur*, ambos estão interessados principalmente na "análise" da obra de arte em seu estado de finalização. Em nenhum deles há qualquer questão sobre o "trabalhar" ou o trabalho vivo dos artistas para produzir sua obra. Freud, mais do que Zaltzman, está interessado na pessoa do escritor ou do artista, como mostra em *Uma recordação de infância de Leonardo da Vinci*, ou em *O delírio e os sonhos na Gradiva de Jensen*. Contudo, mesmo quando estava interessado nos autores, ele não prestava atenção em seu trabalho. O foco dos esforços de Freud e Zaltzman está nas condições psíquicas que tornam possível a sublimação ou o *Kulturarbeit*. Ou seja, o que elas implicam para a economia da pulsão: inibição, renúncia, domesticação da pulsão, da sexualidade e do inconsciente; o que elas implicam para a tópica psíquica ou para as instâncias psíquicas (Eu, Isso, Supereu).

Trata-se de questões essenciais, mas o trabalho nunca é mencionado. Tanto no *Kulturarbeit* de Zaltzman quanto no de Freud, nunca há qualquer questão de *Arbeiten*, do "trabalhar". A formulação de Zaltzman é eloquente a esse respeito: "aculturação" é outra tradução que ela prevê para *Kulturarbeit*. E, nessa nova tradução, o termo "trabalho" desapareceu. Em todos os autores que falaram sobre *Kulturarbeit*, incluindo Éric Smadja, nunca o trabalho é considerado. É por isso que o primeiro capítulo deste livro se refere a Jérôme Thélot, cujo livro se intitula *Le Travail vivant de la poésie (O trabalho vivo da poesia)*. Só que Thélot não é psicanalista. Ao contrário de Freud, Zaltzman e Smadja, ele não está interessado nas condições *psíquicas* que possibilitaram a Baudelaire trabalhar tão obstinadamente com a prosódia.

Para Zaltzman, assim como para Freud, uma vez analisadas as condições psíquicas que possibilitam o acesso à sublimação ou ao *Kulturarbeit*, passamos diretamente para a exegese da obra acabada e negamos o trabalho vivo que ela custou ao artista: toda a persistência, o sofrimento, as hesitações, as idas e vindas, os fracassos, as dúvidas e a angústia da criação, uma vez que esta última envolve, antes de tudo, a experiência do fracasso, a persistência diante do fracasso e a obstinação em seguir adiante. É como se, uma vez satisfeitas as condições psíquicas para a criação, a sublimação e o *Kuturarbeit*, a obra surgisse de si mesma. O trabalho de produção da obra resultaria do uso simples, natural e espontâneo das ferramentas de fabricação.

Essa recusa da percepção do trabalho vivo, sem o qual não pode haver sublimação, nem *Kulturarbeit*, nem "aculturação", é simplesmente uma ocultação das condições, graças às quais, por vezes, podemos compreender a *Kultur* e sermos compreendidos por ela. Pois, antes de poder entrar na sublimação propriamente dita e possivelmente fazer uma contribuição para a *Kultur* e seu enriquecimento, o primeiro passo é *o investimento pusional em uma atividade*. Depois, é uma questão de desenvolver sua persistência diante da resistência que essa atividade impõe à sua maestria, para que um dia talvez se alcance o virtuosismo. No início deste livro, tentei mostrar a complexidade desse investimento primordial na matéria a ser trabalhada, de modo que ela possa se tornar "matéria viva" e a inteligência do corpo do artista possa entrar em uma relação dialógica com ela. Esse é a segunda etapa.

A terceira etapa consiste em envolver a subjetividade em uma luta com a *Kultur* e não apenas com a atividade em si. Em outras palavras, na luta com as obras, e até mesmo com os autores das obras. Aprender a tocar piano não é suficiente. Agora é necessário encontrar um caminho para acessar a interpretação (com sua dimensão crítica em relação a outras interpretações), o que exige muitas outras habilidades além do treinamento da técnica em si. Se eu não conseguir alcançar o registro da interpretação, nunca entrarei em um relacionamento com o repertório pianístico, nunca entrarei em um diálogo com a *Arte da fuga* de Bach ou com os concertos de Mozart. Para avaliar as dificuldades e os riscos subjetivos desse confronto primário com a *Kultur*, é útil fazer referência a Norbert Elias (1991) e seu *Mozart*. Assim, poderemos evitar essa visão romântica da sublimação, da qual o próprio Freud não escapou totalmente. E assim deixaremos de substituir o trabalho vivo da interpretação artística pelo recurso à magia do dom, do talento, do gênio, das musas ou dos deuses. Então, deixaremos de nos entregar à admiração devota a que o filme *Amadeus*, de Miloš Forman, nos convida. E reconheceremos, graças à análise de Elias, que a vida de Mozart foi uma luta não apenas com a música, o repertório e os instrumentos, mas também com a sociedade e a corte, com outros compositores, e que também foi uma luta consigo mesmo. E que essa luta sem fim do artista pode passar não apenas pelo infortúnio e por fases de desânimo, mas também pela derrota, na qual todo o reconhecimento artístico e social é perdido; Mozart então adoece e morre.

As atividades a serem implementadas em face da resistência que a cultura opõe à apropriação subjetiva pelo indivíduo são integralmente parte do trabalho a ser feito e são primeiramente destinadas a desenvolver novas habilidades dentro de si mesmo e que não existiam antes do trabalhar. É o confronto com o fracasso que eventualmente acabará, em um segundo momento, dando origem a um processo de trabalho sobre si mesmo, a fim de se tornar capaz de continuar a luta com a *Kultur*. Em outras palavras, é o trabalho e a resistência que o real opõe à maestria que podem, em certos casos, estimular o trabalho de si sobre si, o que é o objeto da pesquisa de Freud. Se forem necessários remanejamentos específicos da economia pulsional para poder engajar a sua subjetividade no trabalho vivo da "sublimação", trata-se do trabalho vivo que compele o artista e que, em certos casos, lhe permite desenvolver em si mesmo as aptidões psíquicas para continuar sua progressão no *Kulturarbeit*.

Para tanto, o indivíduo precisa aceitar que a sua subjetividade por inteiro será invadida pelas dificuldades do trabalho vivo. O jovem Mozart trabalha o tempo todo, Baudelaire escreve e reescreve incansavelmente, Giacometti manipula a argila sem parar. Esse é o pré-requisito para que, talvez um dia, a obra surja e para que a "sublimação" se concretize na obra. Se eu quiser me tornar um cantor, não terei apenas que aprender a lutar contra a resistência do real que a matéria (tanto meu corpo quanto as partituras) opõe à minha maestria. Também terei de concordar em assumir tarefas que não quero fazer: por exemplo, aprender a cantar árias de ópera que não gosto, interpretar autores que me aborrecem. Também terei de aceitar assumir papéis pequenos, aturar um maestro tirânico e até mesmo assediador e, me submeter a condições indignas de alojamento para participar de uma turnê. E isso não é tudo. Para cantar, terei de abrir mão de outras atividades que gostaria de continuar e até mesmo imprimir à minha vida amorosa e sexual o ritmo sincopado da vida do artista, a me impor um estilo de vida saudável, para parar de fumar cigarros, evitar cansar minha voz e meu corpo por meio de uma série de privações. Portanto, é realmente a aceitação dessa invasão, por vezes tirânica, pela disciplina artística que condiciona o acesso ao *Kulturarbeit*. É a confrontação com a realidade da condição do artista que vai me forçar, por assim dizer, a essa enorme reformulação da minha economia pulsional. Por fim, temos de admitir: as condições psíquicas para a sublimação não existem antes do "trabalhar". O trabalhar é a condição *sine qua non* para os remanejamentos de minha economia pulsional. Essas mudanças não vêm antes do trabalho. É o trabalho que me força a remanejamentos tópicos e econômicos da minha personalidade. Insisto mais uma vez: essa luta com o real do trabalho sempre é, antes de tudo, de um corpo a corpo com a matéria. É a inteligência do corpo e seu sofrimento que forçam o desenvolvimento do potencial sublimatório.

A quarta etapa da "sublimação", a quarta condição para que o *Kulturarbeit* permita que a produção de um indivíduo *ocupe seu lugar* na *Kultur*, é uma série de lutas com os outros: com colegas artistas ou pesquisadores; com os comerciantes, corretores, as galerias, os diretores de teatro ou da ópera. Sem o desenvolvimento, além do trabalho vivo, das habilidades em encontrar maneiras de encontrar os caminhos da cooperação com muitas pessoas e de ludibriar as relações de dominação, nenhuma obra literária seria publicada, nenhum concerto poderia ser apresentado, nenhuma exposição poderia ser realizada, nenhuma pesquisa poderia encontrar seu lugar na ciência.

E, por fim, a quinta etapa é o relacionamento entre a obra finalizada e o público. A inscrição de uma obra na *Kultur* não depende apenas de sua qualidade. Depende de como ela é recebida. A obra de Aristóteles só existe enquanto houver leitores para estudá-la, discuti-la, reinterpretá-la e retraduzi-la mais uma vez. Se você parar de tocar Bach, ele desaparece, e hoje devemos muito a Mendelssohn por ter salvado Bach da ameaça de ter sido esquecido no século XIX.

O que foi discutido com relação às obras de arte é exatamente o mesmo com relação à civilização se, à cultura, acrescentarmos as dimensões específicas da civilização, começando pela justiça. Em uma passagem do *Mal-estar na cultura* já citada por Zaltzman, Freud escreve que *Kultur* "designa a soma total das realizações e dispositivos pelos quais nossa vida se distancia de nossos ancestrais anônimos e que servem a dois fins: a proteção do homem contra a natureza e a *regulação dos homens entre si*". Em *O futuro de uma ilusão*, Freud fala do "trabalho cultural de vários milhares de anos" que "baniu o caos social e *estabeleceu a ordem e a conservação na sociedade humana* por meio da religião" (grifo nosso). Em várias ocasiões, Freud se refere à formação de instituições, ao Estado, à justiça e às leis, e até mesmo à religião, em sua relação com o *Kulturarbeit*. Porém, nunca atenta para o trabalho vivo que permite a criação de leis, o direito, a justiça, o Estado, a religião e a Igreja. A produção de leis e o desenvolvimento do direito desempenham um papel fundamental na prevenção do uso da violência para lidar com conflitos entre seres humanos e na criação de condições que possibilitem o viver-junto.

Seria fácil mostrar que a transformação das leis e a produção de normas e valores são o resultado da mobilização dos recursos subliminares de uma grande quantidade de indivíduos que se dedicam, com as mesmas dificuldades e riscos que os artistas, a pensar sobre as relações entre as subjetividades individuais e a vida em sociedade. Nesse campo, porém, o papel do trabalho coletivo e da cooperação é mais evidente do que na produção artística. Certamente há nomes e autores que se destacam na história do direito, mas a história da arte é impossível sem referência a suas personificações nos nomes daqueles indivíduos que Freud denomina como "grandes homens". A história do direito é mais anônima do que a história da arte porque uma grande contribuição para a evolução do direito vem por meio das intervenções de um coletivo específico chamado "o público", no sentido dado a esse conceito pelo filósofo John Dewey (1925/2010).

Na evolução do direito, portanto, a cooperação é, sem dúvida, ainda mais complexa do que na produção artística. Cooperação entre diferentes instâncias, o legislador, os magistrados, o público e a pesquisa científica. Cooperação que, evidentemente, não pode ser dada como certa e exige um esforço considerável por parte dos parceiros envolvidos na deliberação coletiva.

As características da cooperação entre advogados e pesquisadores científicos na evolução do direito podem ser vistas no processo penal envolvendo a empresa France Télécom-Orange e no dossiê compilado sobre o assunto pela revista *Travailler* (n. 46, 2021). O dossiê reúne contribuições de psicanalistas, advogados, historiadores e filósofos. Em que condições os resultados de pesquisas científicas sobre suicídios no local de trabalho podem servir como referências para a evolução o direito; nesse caso, a jurisprudência sobre assédio e suicídios no trabalho? Nesse caso, o desafio para a discussão sobre a relação "sublimação" e civilização é o de compreender as condições que permitem que a pesquisa científica desempenhe um papel efetivo no desenvolvimento da sociedade, em vez de permanecer apenas no campo fechado do conhecimento científico. E, por outro lado, compreender como a evolução do direito e da sociedade em seu conjunto, por meio do direito, não resulta simplesmente de uma ação do direito agindo sobre o direito, mas da cooperação entre o trabalho vivo dos magistrados e o progresso da pesquisa científica.

Qual é a natureza dessa cooperação, que permite que a pesquisa científica se associe na elaboração de um julgamento que faz evoluir o direito por meio da jurisprudência? Quaisquer que sejam as considerações teóricas sobre a interdisciplinaridade entre a pesquisa científica e o direito, esse julgamento penal é o resultado de uma enorme quantidade de trabalho que é devidamente admirado e reconhecido, não apenas por aqueles que participaram do processo, mas também pelos autores que contribuíram para o dossiê da France Télécom na revista *Travailler*. O que também é admirado e reconhecido é o trabalho monumental realizado pelos juízes de instrução, a promotoria pública, os juízes e o presidente do tribunal. E esse trabalho é fundamentalmente o resultado do engajamento subjetivo desses magistrados no exercício do direito; engajamento subjetivo em um trabalho vivo que, para cada um deles, se enquadra inteiramente na dinâmica da "sublimação".

O *Kulturarbeit* passa, portanto, em primeiro lugar, pelo trabalho vivo e pela cooperação e, em seguida, pela luta que eles implicam com a resistência do real. Negar na sublimação e no *Kulturarbeit* o que diz respeito ao trabalho vivo e à cooperação é proceder com uma abstração que, em sua sombra, oculta a perda da relação com o real, ou seja, da resistência que o mundo material e humano opõe à produção de uma obra, no caso, uma obra de justiça.

Quando essa relação com o real é perdida, abre-se a porta para o descaminho no mito. O mito elaborado por Freud, e retomado por Nathalie Zaltzman, é, nesse caso, o da origem do *Kulturarbeit* na história da horda primitiva, da morte do pai, do festim totêmico, da culpabilidade dos irmãos, por um lado; e a *transmissão* da memória dessa origem, de geração em geração, pelo caminho genético da filogênese, por outro.

A teoria da sublimação de Freud, ampliada pela referência à clínica do trabalho vivo e da cooperação, sem dúvida, desmistifica o que esse conceito abrange, mas talvez ela lance mais luz sobre as condições que propiciam e os limites do poder dos indivíduos em participar da evolução da cultura e da civilização. Por outro lado, o conceito de "sublimação" que tentei articular neste livro dá ao trabalho vivo e à cooperação as credenciais que lhes foram incansavelmente negadas desde a Antiguidade.

Para recapitular o que está em jogo neste ensaio, pode-se dizer que uma teoria do ser humano – uma antropologia – que atribua à "sublimação" um lugar tão importante quanto o da sexualidade tornaria possível entender uma das razões pelas quais nossa cultura e civilização correm o risco de entrar em declínio. O trabalho vivo e a cooperação são, e sempre foram, as raízes nutritivas (nourricières) da cultura e da civilização. E se desvitalizarmos essas raízes degradando a organização do trabalho a tal ponto que haja cada vez menos espaço e tempo para a "sublimação", então, a *Kultur* inevitavelmente se desintegrará. A organização do trabalho e os métodos de gerenciamento e gestão sustentados pelo neoliberalismo estão minando sistematicamente os tempos e os espaços necessários para que a "sublimação" possa advir; isso tem consequências significativas para a economia psicossomática e para a saúde dos indivíduos, incluindo hoje até a emergência de suicídios no local de trabalho. Entretanto, além dos destinos individuais, a cultura está ameaçada. A prática analítica, por outro lado, possibilita o contato com a *Kultur* a partir da palavra sobre o seu trabalho que os indivíduos endereçam ao clínico. A antropologia da sublimação poderia ser um caminho para se restabelecer a continuidade entre a vida individual e o destino da *Kultur*, uma vez que ela permitiria ouvir na palavra dos pacientes o que eles têm a dizer em termos de engajamento ou, ao contrário, em termos dos impedimentos ao engajamento de sua subjetividade no trabalho vivo e na cooperação.

Todas as outras teorias psicológicas (com exceção da fenomenologia) ignoram a sublimação e sua relação com a sexualidade. Cabe agora à psicanálise aprofundar nossa compreensão dos processos que permitem que a inteligência individual encontre o caminho que precisa seguir para poder aportar sua contribuição para a cultura e à civilização. Para que a "sublimação" atinja seu objetivo, as condições não são apenas individuais e psicológicas. Esse caminho implica muitos outros indivíduos. E essa implicação dos outros só pode se efetivar por meio da constituição de vínculos perfeitamente identificáveis que também estão, em minha opinião (ver Dejours, 2009), no centro do vínculo social, a saber, os vínculos de cooperação. Quando esses vínculos são tecidos, constituídos, eles dão acesso a esse prazer muito especial de sentir que estamos participando de uma obra comum e, além disso, à transcendência da ordem individual para o benefício da cultura e da civilização. Uma parte importante desse prazer é o poder dos vínculos de cooperação em revelar o que há de melhor no ser humano.

Em contrapartida, mas também é aqui que começa e onde clama por sua realização concreta, essa conjuntura confirma ao indivíduo que, para alcançar o prazer da "sublimação", o sofrimento, os fracassos, a persistência diante do real do trabalho vivo não terão sido em vão. A "sublimação", quando possível, dá acesso a outro prazer inigualável: o de sentir que o "esforço sensível" (Biran, 1942) contém a promessa de ampliar os registros de sensibilidade da subjetividade e o poder de experimentar a vida em si. No melhor dos casos, esse prazer é combinado com o prazer de participar da cultura, ou seja, daquilo que, por meio do trabalho vivo, se agregou ao longo dos tempos, nas obras que os seres humanos se esforçam em produzir para honrar a vida.

Referências

Adorno, T. W. (2007). *La Psychanalyse révisée* (Jacques Le Rider, trad. e apres.). Éditions de l'Olivier.

Arendt, H. (2005). *The totalitarian system: the origins of totalitarianism* (nova ed. traduzida por Jean-Loup Bourget, Robert Davreu e Patrick Lévy, revisada por Hélène Frappat). Points. (Trabalho original publicado em 1951).

Baudelaire, C. (1857). Spleen (LXXVI). In *Les fleurs du mal* [Baudelaire, C. (2020). *O spleen de Paris: pequenos poemas em prosa* (Samuel Titan Jr. Trad.). Editora 34].

Beetschen, A. (2011). La question de fond pour le poète et le psychanalyste. In *Yves Bonnefoy. ficrits récents (2000-2009). Actes du colloque réuni par Patrick Labarthe et Odile Bombarde (14-16 oct. 2009)*. Slatkine Érudition.

Beiser, F. (2005). *Schiller as philosopher: a re-examination* (pp. 213-237). Oxford University Press.

Billiard, I. (2001). *Santé mentale et travail: l'émergence de la psychopathologie du travail*. La Dispute.

Biran, M. (1942). Essai sur les fondements de la psychologie. In H. Gouhier (Ed.), *Œuvres choisies de Maine de Biran* (pp. 87-89). Aubier-Montaigne.

Centre National de la Recherche Scientifique (CNRS). (1987). *Plaisir et souffrance dans le travail. Séminaire interdisciplinaire de psychopathologie du travail.* Republicado em *Travailler*, Parte I, (35), 2016, e Parte II, (37), 2017.

Chalamov, V. (1993). *Tout ou rien* (Christiane Loré, trad.). Verdier.

Cukier, A. (2018). *Le travail démocratique*. Presses Universitaires de France.

Dejours, C. (1980). *Travail: usure mentale. Essai de psychopathologie du travail*. Éditions du Centurion.

Dejours, C. (1998). *Souffrance en France. La banalisation de l'injustice sociale*. Seuil.

Dejours, C. (2009). La psychologie des masses à l'épreuve de la clinique du travail. In *Travail vivant. II: Travail et émancipation* (pp. 41-72). Payot.

Dejours, C. (2018). *Le corps, d'abord: corps biologique, corps érotique et sens moral* (col. Petite Bibliothèque Payot). Payot. (Trabalho original publicado em 2001).

Dejours, C. (2019). The two bodies: the biological body and the erotic body. *Psychoanalysis in Europe*, *73*, 16-27.

Demaegdt, C. (2013). L'embarras du travail dans l'étiologie psychanalytique des névroses de guerre. *L'Information psychiatrique*, *89*, 651-659.

Deranty, J.-P. (2013). Cartographie critique des objections historicistes à la centralité du travail. *Travailler*, *30*, 17-48.

Dewey, J. (1975). Democracy and Education. In *Introduction to the philosophy of education*. Armand Colin. (Trabalho original publicado em 1916).

Dewey, J. (2010). *The public and its problems* (Joëlle Zask, trad.). Gallimard. (Trabalho original publicado em 1925).

Dumesnil, J. (2009). *Art médical et normalisation du soin.* Presses Universitaires de France.

Elias, E. (1991). *Mozart: sociologie d'un génie* (Jeanne Étoré e Bernard Lortholary, trad.). Seuil.

Esman-Tuccella, S. (2002, fevereiro). Faire le travail domestique chez les autres. Transcription de l'instruction au sosie suivie du commentaire. *Travailler*, (8), 45-72.

Fischbach, F. (2015). *Le Sens du social: les puissances de la coopération.* Lux.

Foucault, M. (1976-1984). Histoire de la sexualité (3 volumes). Gallimard.

Freud, S. (1918). Lines of advance in psycho-analytic therapy. In *Standard Edition* (Vol. XVII, p. 159-168).

Freud, S. (2004). Nouvelle suite des leçons d'introduction à la psychanalyse. Lição XXXII: "Angoisse et vie pulsionnelle". In *Œuvres complètes* (Tomo XIX). PUF. (Trabalho original publicado em 1932).

Freud, S. (2005). L'intérêt que présente la psychanalyse. In *Œuvres complètes* (Tomo XII, pp. 99-125). Presses Universitaires de France. (Trabalho original publicado em 1913).

Freud, S. (2005). Pour introduire le narcissisme. In *Œuvres complètes* (Tomo XII, pp. 237-238). Presses Universitaires de France. (Trabalho original publicado em 1914a).

Freud, S. (2005). Remémoration, répétition, perlaboration. In *Œuvres complètes* (Tomo XII). Presses Universitaires de France. (Trabalho original publicado em 1914b).

Freud, S. (2005). Pulsions et destins des pulsions. In *Œuvres complètes* (Tomo XIII). Presses Universitaires de France. (Trabalho original publicado em 1915).

Freud, S. (2007). La morale sexuelle "culturelle" et la nervosité moderne. In *Œuvres complètes* (Tomo VIII). Presses Universitaires de France. (Trabalho original publicado em 1908).

Freud, S. (2007). *La technique psychanalytique* (Anne Berman, trad.; série Quadrige). Presses Universitaires de France. (Trabalho original publicado em 1953).

Freud, S. (2009). L'Interprétation du rêve. Cap. 2: La méthode de l'interprétation du rêve. In *Œuvres complètes* (Tomo IV, pp. 131-155). Presses Universitaires de France. (Trabalho original publicado em 1900).

Freud, S. (2009). Un souvenir d'enfance de Léonard de Vinci. In *Œuvres complètes* (Tomo X). Presses Universitaires de France. (Trabalho original publicado em 1910).

Freud, S. (2010). Psychologie des masses et analyse du moi. In *Œuvres complètes* (Tomo XVI). Presses Universitaires de France. (Trabalho original publicado em 1921).

Freud, S. (2010). Le moi et le ça. In *Œuvres complètes* (Tomo XVI). Presses Universitaires de France. (Trabalho original publicado em 1923a).

Freud, S. (2010). *Le moi et le ça* (Jean Laplanche, trad.; col. Petite Bibliothèque Payot). Payot. (Trabalho original publicado em 1923b).

Freud, S. (2010). Malaise dans la civilisation (Aline Weill, trad.; col. Petite Bibliothèque Payot). Payot. (Trabalho original publicado em 1930).

Freud, S. (2010). Analyse finie et analyse infinie. In *Œuvres complètes* (Tomo XX). PUF. (Trabalho original publicado em 1937).

Freud, S. (2011). Psychologie des foules et analyse du moi (Pierre Cotet, André Bourguignon et al. trad.; série Petite Bibliothèque Payot). Payot. (Trabalho original publicado em 1921).

Freud, S. (2012). Pour introduire le narcissisme (Olivier Mannoni, trad.; col. Petite Bibliothèque Payot). Payot, 2012. (Trabalho original publicado em 1914).

Freud, S. (2012). *Pulsions et destins des pulsions* (Olivier Mannoni, trad.; série Petite Bibliothèque Payot). Payot. (Trabalho original publicado em 1915).

Freud, S. (2015). L'avenir d'une illusion. In *Œuvres complètes* (Tomo XVIII). Presses Universitaires de France. (Trabalho original publicado em 1927).

Freud, S. (2015). Le Malaise dans la culture. In *Œuvres complètes* (Tomo XVIII). Presses Universitaires de France. (Trabalho original publicado em 1930).

Freud, S. (2019). La répétition (Olivier Mannoni, trad.; col. Petite Bibliothèque Payot; pp. 51-68). Payot.

Freud, S. (2021). *Psychopathologie de la vie quotidienne* (Olivier Mannoni, trad. revisada; série Petite Bibliothèque Payot). Payot. (Trabalho original publicado em 1901).

Gernet, I., & Chekroun, F. (2008, fevereiro). Travail et genèse de la violence: à propos des soins aux personnes âgées. *Travailler, 20*, 41-59.

Gilligan, C. (2008). A Different Voice. Pour une éthique du care (Annick Kwiatek, trad.; Vanessa Nurock Rev.; col. Champs). Flammarion. (Trabalho original publicado em 1982).

Haudricourt, A.-G. (1987). *La Technologie, science humaine: recherches d'histoire et d'ethnologie des techniques*. Éditions de la Maison des Sciences de l'Homme.

Henry, M. (1987). *La Barbarie*. Grasset.

La Boétie, É. (2014). *Discours de la servitude volontaire* (André Tournon, estabelecimento de texto e notas). Vrin.

Laplanche, J. (1998). *Problématiques V. Le baquet. Transcendance du transfert* (col. Quadrige). Presses Universitaires de France. (Trabalho original publicado em 1987).

Laplanche, J. (1999a). *Entre séduction et inspiration: l'homme*. Presses Universitaires de France.

Laplanche, J. (1999b). Court traité de l'inconscient. In *Entre séduction et inspiration: l'homme* (pp. 67-114). Presses Universitaires de France.

Laugier, S. (2009). Le sujet du care: vulnérabilité et expression ordinaire. In P. Molinier, S. Laugier, & P. Paperman (Eds.), *Qu'est-ce que le care? Souci des autres, sensibilité, responsabilité* (col. Petite Bibliothèque Payot). Payot.

Loré, C. (1993). Preface. In V. Chalamov, *Tout ou rien* (Christiane Loré , trad.). Verdier.

Maulpoix, J.-M. (2005). Introduction à la lecture d'Yves Bonnefoy. www.maulpoix.net

Mauss, M. (2021). *Les techniques du corps* (seguido de "L'expression obligatoire des sentiments") (série Petite Bibliothèque Payot). Payot.

Molinier, P. (2000). Travail et compassion dans le monde hospitalier. *Les Cahiers du genre*, "La relation de service: regards croisés", *28*, 49-70.

Politzer, G. (1968). *Critique des fondements de la psychologie*. Presses Universitaires de France.

Pujol, N. (2020). La souffrance globale. In R. Le Berre, *Manuel de soins palliatifs* (pp. 89-96). Dunod.

Renault, E. (2012). Dewey et la centralité du travail. *Travailler*, *28*, 125-148.

Rolo, R. (2015). *Mentir au travail*. Presses Universitaires de France.

Schiller, F. (1997). Fragment sur le sublime, pour servir de développement à certaines idées de Kant. In *Du sublime* (Adolphe Régnier Trad.). Sulliver. (Trabalho original publicado em 1901).

Sigaut, F. (1990). Folie, réel et technologie: à propos de Philippe Bernardet, Les Dossiers noirs de l'internement psychiatrique. *Techniques et Culture*, *15*, 167-179; republicado em *Travailler*, *12*, 117-130, 2004.

Smadja, É. (2013). La notion freudienne de Kulturarbeit. In É. Smajda (ed.), *Freud et la culture* (pp. 141-202). Presses Universitaires de France.

Smith, N. H. (2013). Work as expression. *Travailler*, *30*, 49-66.

Supiot, A. (2015). *La Gouvernance par les nombres: cours au Collège de France*. Fayard.

Thélot, J. (2013). *Le travail vivant de la poésie*. Encre marine.

Über bereinstimmende Energie seiner sinnlichen und geistigen Kräfte. (1992). In R. Leroux, Introduction, in Friedrich Schiller, *Lettres sur l'éducation esthétique de l'homme*. Aubier. (Trabalho original publicado em 1795).

Zaltzman, N. (1998). *De la guérison psychanalytique*. Presses Universitaires de France.

Bibliografia das citações (original em francês)

Preâmbulo

Página 9

Centre National de la Recherche Scientifique (CNRS). (1987). *Plaisir et souffrance dans le travail. Séminaire interdisciplinaire de psychopathologie du travail.* Republicado em *Travailler*, Parte I, (35), 2016, e Parte II, (37), 2017. [Não traduzido].

Dejours, C. (1980). *Travail: usure mentale. Essai de psychopathologie du travail.* Éditions du Centurion. [Dejours, C. (2018). *A loucura do trabalho: estudo de psicopatologia do trabalho* (5ª ed.). Oboré/Cortez].

Página 10

Laplanche, J. (1999a). *Entre séduction et inspiration: l'homme*. PUF. [Laplanche, J. (2023). *Entre a sedução e a inspiração: o homem.* Dublinense].

Introdução

Página 24

Adorno, T. W. (2007). *La Psychanalyse révisée* (J. Le Rider, trad. e apres.). Éditions de l'Olivier. [Adorno, T. W. (2015). A psicanálise revisada. In *Ensaios sobre psicologia social e psicanálise*. Unesp].

Freud, S. (2015). L'avenir d'une illusion. In *Œuvres complètes* (Tomo XVIII). PUF. [Freud, S. (2014). O futuro de uma ilusão. In S. Freud, *Obras completas* (Vol. 17, pp. 231-301; P. C. Souza, Org.). Companhia das Letras. (Trabalho original publicado em 1927)].

Página 25

Freud, S. (2005). Pulsions et destins des pulsions. In *Œuvres complètes* (Tomo XIII). PUF. [Freud, S. (2013). Os instintos e seus destinos. In S. Freud, *Obras completas* (Vol. 12, pp. 51-81; P. C. Souza, Org.). Companhia das Letras. (Trabalho original publicado em 1915)].

Freud, S. (2007). La morale sexuelle "culturelle" et la nervosité moderne. In *Œuvres complètes* (Tomo VIII). PUF. [Freud, S. (2015). A moral sexual "cultural" e o nervosismo moderno. In S. Freud, *Obras completas* (Vol. 9, pp. 359-389; P. C. Souza, Org.). Companhia das Letras. (Trabalho original publicado em 1908)].

Freud, S. (2009). Un souvenir d'enfance de Léonard de Vinci. In *Œuvres complètes* (Tomo X). PUF. [Freud, S. (2013). Uma recordação de infância de Leonardo da Vinci. In S. Freud, *Obras completas* (Vol. 9, pp. 113-219; P. C. Souza, Org.). Companhia das Letras. (Trabalho original publicado em 1909)].

Schiller, F. (1997). Fragment sur le sublime, pour servir de développement à certaines idées de Kant. In *Du sublime* (A. Régnier, trad.). Sulliver. [Schiller, F. von (2011). Do sublime. In *Do sublime ao trágico*. Autêntica. (Trabalho original publicado em 1901)].

Página 26

Freud, S. (2004). Nouvelle suite des leçons d'introduction à la psychanalyse. XXXIIème leçon: "Angoisse et vie pulsionnelle". In *Œuvres complètes* (Tomo XIX). PUF. [Freud, S. (2010). Novas conferências introdutórias à psicanálise - Angústia e instintos. In S. Freud, *Obras completas* (Vol. 18, pp. 224-262; P. C. Souza, Org.). Companhia das Letras. (Trabalho original publicado em 1932)].

Freud, S. (2005). Pour introduire le narcissisme. In *Œuvres complètes* (Tomo XII, pp. 237-238). PUF. [Freud, S. (2010). Introdução ao narcisismo. In S. Freud, *Obras completas* (Vol. 12, pp. 13-50; P. C. Souza, Org.). Companhia das Letras. (Trabalho original publicado em 1914)].

Freud, S. (2010). Malaise dans la civilisation (Aline Weill, trad.; col. Petite Bibliothèque Payot). Payot. [Freud, S. (2010). Mal-estar na civilização. In S. Freud, *Obras completas* (Vol. 18, pp. 13-122; P. C. Souza, Org.). (Trabalho original publicado em 1930)].

Freud, S. (2012). Pour introduire le narcissisme (Olivier Mannoni, trad.; col. Petite Bibliothèque Payot). Payot. [Freud, S. (2010). Introdução ao narcisismo. In S. Freud, *Obras completas* (Vol. 12, pp. 13-50; P. C. Souza, Org.). Companhia das Letras. (Trabalho original publicado em 1914a)].

Freud, S. (2015). Le Malaise dans la culture. In *Œuvres complètes* (Tomo XVIII). PUF. [Freud, S. (2010). Mal-estar na civilização. In S. Freud, *Obras completas* (Vol. 18, pp. 13-122; P. C. Souza, Org.). (Trabalho original publicado em 1930)].

Página 27

Freud, S. (2007). La morale sexuelle "culturelle" et la nervosité moderne. In *Œuvres complètes* (Tomo VIII). PUF. [Freud, S. (2015). A moral sexual "cultural" e o nervosismo moderno. In S. Freud,

Obras completas (Vol. 9, pp. 359-389; P. C. Souza, Org.). Companhia das Letras. (Trabalho original publicado em 1908)].

Freud, S. (2010). Malaise dans la civilisation (Aline Weill, trad.; col. Petite Bibliothèque Payot). Payot. [Freud, S. (2010). Mal-estar na civilização. In S. Freud, *Obras completas* (Vol. 18, pp. 13-122; P. C. Souza, Org.). (Trabalho original publicado em 1930)].

Freud, S. (2015). Le Malaise dans la culture. In *Œuvres complètes* (Tomo XVIII). PUF. [Freud, S. (2010). Mal-estar na civilização. In S. Freud, *Obras completas* (Vol. 18, pp. 13-122; P. C. Souza, Org.). (Trabalho original publicado em 1930)].

Página 28

Freud, S. (2007). La morale sexuelle "culturelle" et la nervosité moderne. In *Œuvres complètes* (Tomo VIII). PUF. [Freud, S. (2015). A moral sexual "cultural" e o nervosismo moderno. In S. Freud, *Obras completas* (Vol. 9, pp. 359-389; P. C. Souza, Org.). Companhia das Letras. (Trabalho original publicado em 1908)].

Freud, S. (2010). Le moi et le ça. In *Œuvres complètes* (Tomo XVI). PUF. [Freud, S. (2011). O Eu e o Id. In S. Freud, *Obras completas* (Vol. 16, pp. 13-74; P. C. Souza, Org.). Companhia das Letras. (Trabalho original publicado em 1923a)].

Freud, S. (2010). *Le moi et le ça* (Jean Laplanche, trad.; col. Petite Bibliothèque Payot). Payot. [Freud, S. (2011). O Eu e o Id. In S. Freud, *Obras completas* (Vol. 16, pp. 13-74; P. C. Souza, Org.). Companhia das Letras. (Trabalho original publicado em 1923b)].

Página 29

Freud, S. (2010). Analyse finie et analyse infinie. In *Œuvres complètes* (Tomo XX). PUF. [Freud, S. (2018). Análise terminável e interminável. In S. Freud, *Obras completas* (Vol. 19, pp. 274-326; P. C.

Souza, Org.). Companhia das Letras. (Trabalho original publicado em 1937)].

Página 30

Freud, S. (2005). Remémoration, répétition, perlaboration. In *Œuvres complètes* (Tomo XII, p.185-196). PUF. [Freud, S. (2010). Recordar, repetir e elaborar. In S. Freud, *Obras completas* (Vol. 10, pp. 193-209; P. C. Souza, Org.). Companhia das Letras. (Trabalho original publicado em 1914b).

Freud, S. (2007). *La technique psychanalytique* (Anne Berman, trad.; série Quadrige). PUF. (Trabalho original publicado em 1953). [Coletânea não traduzida].

Freud, S. (2019). La répétition (Olivier Mannoni, trad.; col. Petite Bibliothèque Payot; pp. 51-68). Payot. [Freud, S. (2010). Recordar, repetir e elaborar. In S. Freud, *Obras completas* (Vol. 10, pp. 193-209; P. C. Souza, Org.). Companhia das Letras. (Trabalho original publicado em 1914).

Capítulo 1

Página 31

Baudelaire, C. (1857). Spleen (LXXVI). In *Les fleurs du mal.* [Baudelaire, C. (2020). *O spleen de Paris: pequenos poemas em prosa* (Samuel Titan Jr., trad.). Editora 34].

Página 33

Freud, S. (2009). Un souvenir d'enfance de Léonard de Vinci. In *Œuvres complètes* (Tomo X). PUF. [Freud, S. (2013). Uma recordação de infância de Leonardo da Vinci. In S. Freud, *Obras completas* (Vol. 9, pp. 113-219; P. C. Souza, Org.). Companhia das Letras. (Trabalho original publicado em 1910)].

Laplanche, J. (1999a). *Entre séduction et inspiration: l'homme*. PUF [Laplanche, J. (2023). *Entre a sedução e a inspiração: o homem*. Dublinense].

Página 34

Laplanche, J. (1999a). *Entre séduction et inspiration: l'homme* (p.330-331). PUF. [Laplanche, J. (2023). *Entre a sedução e a inspiração: o homem*. Dublinense].

Thélot, J. (2013). *Le travail vivant de la poésie*. Encre marine. [Não traduzido].

Página 39

Henry, M. (1987). *La Barbarie*. Grasset. [Henry, M. (2012). *A barbárie* (pp. 71-100). É realizações].

Página42

Dejours, C. (2018). *Le corps, d'abord: corps biologique, corps érotique et sens moral* (col. Petite Bibliothèque Payot). Payot. [Dejours, C. (2019). *Primeiro, o corpo: corpo biológico, corpo erótico e senso moral*. Dublinense. (Trabalho original publicado em 2001)].

Dejours, C. (2019). The two bodies: the biological body and the erotic body. *Psychoanalysis in Europe*, 73, 16-27. Dejours, C. (2019). *Primeiro, o corpo: corpo biológico, corpo erótico e senso moral*. Dublinense. (Trabalho original publicado em 2001)].

Freud, S. (2012). *Pulsions et destins des pulsions* (Olivier Mannoni, trad.; série Petite Bibliothèque Payot). Payot. [Freud, S. (2013). Os instintos e seus destinos. In S. Freud, *Obras completas* (Vol. 12, pp. 51-81; P. C. Souza, Org.). Companhia das Letras. (Trabalho original publicado em 1915)].

Capítulo 2

Página 47

Zaltzman, N. (1998). *De la guérison psychanalytique*. PUF. [Não traduzido].

Página 48

Supiot, A. (2015). *La Gouvernance par les nombres: cours au Collège de France*. Fayard. [Não traduzido].

Página 49

Beetschen, A. (2011). La question de fond pour le poète et le psychanalyste. In *Yves Bonnefoy. ficrits récents (2000-2009). Actes du colloque réuni par Patrick Labarthe et Odile Bombarde (14-16 oct. 2009)*. Slatkine Érudition. [Não traduzido].

Maulpoix, J.-M. (2005). Introduction à la lecture d'Yves Bonnefoy. www.maulpoix.net. [Não traduzido].

Thélot, J. (2013). *Le travail vivant de la poésie*. Encre marine. [Não traduzido].

Página 50

Henry, M. (1987). *La Barbarie*. Grasset. [Henry, M. (2012). *A barbárie* (pp. 71-100). É realizações.

Página 52

Foucault, M. (1976-1984). Histoire de la sexualité (3 volumes). Gallimard. [Foucault, M. (2020). *História da sexualidade* (4 tomos). Paz e Terra.

Politzer, G. (1968). *Critique des fondements de la psychologie*. PUF. [Politzer, G. (1998). *Crítica dos fundamentos da psicologia*. Unimep].

Página 53

Arendt, H. (2005). *Le système totalitaire: Les origines du totalitarisme* (nova ed. traduzida por Jean-Loup Bourget, Robert Davreu e Patrick Lévy, revisada por Hélène Frappat). Points. [Arendt, H. (2012). *As origens do totalitarismo* (832 p.). Companhia das Letras. (Trabalho original publicado em 1951)].

Página 55

Gilligan, C. (2008). A Different Voice. Pour une éthique du care (Annick Kwiatek, trad.; Vanessa Nurock, rev.; col. Champs). Flammarion. [Gilligan, C. (2021). *Uma voz diferente: Teoria psicológica e o desenvolvimento feminino*. Vozes. (Trabalho original publicado em 1982)].

Laugier, S. (2009). Le sujet du care: vulnérabilité et expression ordinaire. In P. Molinier, S. Laugier, & P. Paperman (Eds.), *Qu'est-ce que le care? Souci des autres, sensibilité, responsabilité* (col. Petite Bibliothèque Payot). Payot. [Não traduzido].

Página 56

Dumesnil, J. (2009). *Art médical et normalisation du soin*. PUF. [Não traduzido].

Página 57

Pujol, N. (2020). La souffrance globale. In R. Le Berre, *Manuel de soins palliatifs* (pp. 89-96). Dunod. [Não traduzido].

Página 58

Ver os trabalhos de Pascale Molinier e de Dominique Dessors – não é citação.

Página 59

Esman-Tuccella, S. (2002). Faire le travail domestique chez les autres. Transcription de l'instruction au sosie suivie du commentaire. *Travailler*, (8), 45-72. [Não traduzido].

Gernet, I., & Chekroun, F. (2008, fevereiro). Travail et genèse de la violence: à propos des soins aux personnes âgées. *Travailler*, *20*, 41-59. [Não traduzido].

Molinier, P. (2000). Travail et compassion dans le monde hospitalier. *Les Cahiers du genre*, "La relation de service: regards croisés", *28*, 49-70. [Não traduzido].

Página 70

Dejours, C. (1998). *Souffrance en France. La banalisation de l'injustice sociale*. Seuil. [Dejours, C. (2011). *A banalização da injustiça social*. FGV].

Demaegdt, C. (2013). L'embarras du travail dans l'étiologie psychanalytique des névroses de guerre. *L'Information psychiatrique*, *89*, 651-659. [Não traduzido].

Rolo, R. (2015). *Mentir au travail*. PUF. [Não traduzido].

Página 73

La Boétie, É. (2014). *Discours de la servitude volontaire* (André Tournon, estabelecimento de texto e notas). Vrin. [La Boétie, E. (2016). *Discurso sobre a servidão voluntária*. Edipro].

Página 76

Supiot, A. (2015). *La Gouvernance par les nombres: cours au Collège de France*. Fayard. [Não traduzido].

Página 77

Revista Le Magazine littéraire – Entrevista.

Página 78

Beetschen, A. (2011). La question de fond pour le poète et le psychanalyste. In *Yves Bonnefoy. fícrits récents (2000-2009). Actes du colloque réuni par Patrick Labarthe et Odile Bombarde (14-16 oct. 2009).* Slatkine Érudition. [Não traduzido].

Capítulo 3

Página 79

Billiard, I. (2001). *Santé mentale et travail: l'émergence de la psychopathologie du travail.* La Dispute. [Não traduzido].

Página 84

Freud, S. (2005). Pulsions et destins des pulsions. In *Œuvres complètes* (Tomo XIII). PUF. [Freud, S. (2013). Os instintos e seus destinos. In S. Freud, *Obras completas* (Vol. 12, pp. 51-81; P. C. Souza, Org.). Companhia das Letras. (Trabalho original publicado em 1915)].

Henry, M. (1987). *La Barbarie.* Grasset. [Henry, M. (2012). *A barbárie* (pp. 71-100). É realizações].

Página 89

Freud, S. (2004). Nouvelle suite des leçons d'introduction à la psychanalyse. XXXIIème leçon: "Angoisse et vie pulsionnelle". In *Œuvres complètes* (Tomo XIX). PUF. [Freud, S. (2010). Novas conferências introdutórias à psicanálise - Angústia e instintos, In S. Freud, *Obras completas* (Vol. 18, pp. 224-262; P. C. Souza, Org.). Companhia das Letras. (Trabalho original publicado em 1932)].

Página 95

Freud, S. (2010). Malaise dans la civilisation (Aline Weill, trad.; col. Petite Bibliothèque Payot). Payot. [Freud, S. (2010). Mal-estar na civilização. In S. Freud, *Obras completas* (Vol. 18, pp. 13-122; P. C. Souza, Org.). (Trabalho original publicado em 1930)].

Freud, S. (2010). Psychologie des masses et analyse du moi. In *Œuvres complètes* (Tomo XVI). PUF. [Freud, S. (2011). Psicologia das massas e análise do Eu. In S. Freud, *Obras completas* (Vol. 15, pp. 13-113; P. C. Souza, Org.). Companhia das Letras. (Trabalho original publicado em 1921)].

Freud, S. (2011). Psychologie des foules et analyse du moi (Pierre Cotet, André Bourguignon et al., trad.; série Petite Bibliothèque Payot). Payot. [Freud, S. (2011). Psicologia das massas e análise do Eu. In S. Freud, *Obras completas* (Vol. 15, pp. 13-113; P. C. Souza, Org.). Companhia das Letras. (Trabalho original publicado em 1921)].

Freud, S. (2015). Le Malaise dans la culture. In *Œuvres complètes* (Tomo XVIII). PUF. [Freud, S. (2010). Mal-estar na civilização. In S. Freud, *Obras completas* (Vol. 18, pp. 13-122; P. C. Souza, Org.). (Trabalho original publicado em 1930)].

Capítulo 4

Página 101

Freud, S. (2005). L'intérêt que présente la psychanalyse. In *Œuvres complètes* (Tomo XII, pp. 99-125). PUF. [Freud, S. (2012). O interesse da psicanálise, In S. Freud, *Obras completas* (Vol. 11, pp. 328-363; P. C. Souza, Org.). Companhia das Letras. (Trabalho original publicado em 1913)].

Freud, S. (2009). L'Interprétation du rêve. In *Œuvres complètes* (Tomo IV, Cap. 2. pp. 131-155). PUF [Freud, S. (2019). A interpretação dos sonhos: o método de interpretação do sonho. In S. Freud,

Obras completas (Vol. 4, pp. 127-154; P. C. Souza, Org.). Companhia das Letras. (Trabalho original publicado em 1900)].

Freud, S. (2021). *Psychopathologie de la vie quotidienne* (Olivier Mannoni, trad. revisada; série Petite Bibliothèque Payot). Payot. [Freud, S. (2020). Psicopatologia da vida cotidiana. In S. Freud, *Obras completas* (Vol. 5, pp. 13-376; P. C. Souza, Org.). Companhia das Letras. (Trabalho original publicado em 1901)].

Página 102

Haudricourt, A.-G. (1987). *La Technologie, science humaine: recherches d'histoire et d'ethnologie des techniques*. Éditions de la Maison des Sciences de l'Homme. [Não traduzido].

Mauss, M. (2021). *Les techniques du corps* (seguido de "L'expression obligatoire des sentiments") (série Petite Bibliothèque Payot). Payot. [Mauss, M. (2017). *As técnicas do corpo* (102 p.). Ubu.

Sigaut, F. (1990). Folie, réel et technologie: à propos de Philippe Bernardet, Les Dossiers noirs de l'internement psychiatrique. *Techniques et Culture*, *15*, 167-179; republicado em *Travailler*, *12*, 117-130, 2004. [Não traduzido].

Página 103

Freud, S. (1912) Conseils au médecin dans le traitement psychanalytique. SPP. [Freud, S. (2010). Recomendações ao médico que pratica a psicanálise. In *Obras completas* (Vol. 10, pp. 147-162; P. C. Souza, Org.). Companhia das Letras. (Trabalho original publicado em 1912)].

Página 105

Freud, S. (2010). Analyse finie et analyse infinie. In *Œuvres complètes* (Tomo XX). PUF. [Freud, S. (2018). Análise terminável e interminável. In S. Freud, *Obras completas* (Vol. 19, pp. 274-326; P. C.

Souza, Org.). Companhia das Letras. (Trabalho original publicado em 1937)].

Página 107

Freud, S. (1918). Lines of advance in psycho-analytic therapy. In *Standard Edition* (Vol. XVII, p. 159-168). Hogarth. [Freud, S. (2010). Caminhos da terapia psicanalítica. In S. Freud, *Obras completas* (Vol. 14, pp. 279-292; P. C. Souza, Org.). Companhia das Letras. (Trabalho original publicado em 1918)].

Laplanche, J. (1998). *Problématiques V. Le baquet. Transcendance du transfert* (col. Quadrige). PUF. [Laplanche, J. (1993). *Problemáticas V – A tina: a transcendência da transferência* (257 p.). Martins Fontes. (Trabalho original publicado em 1987)].

Página 108

Laplanche, J. (1998). *Problématiques V. Le baquet. Transcendance du transfert* (col. Quadrige). PUF. [Laplanche, J. (1993). Problemáticas V – A tina: a transcendência da transferência (257 p.). Martins Fontes. (Trabalho original publicado em 1987)].

Conclusão

Página 111

Schiller, F. (1997). Fragment sur le sublime, pour servir de développement à certaines idées de Kant. In *Du sublime* (Adolphe Régnier, trad.). Sulliver. [Schiller, F. von (2011). Do sublime. In *Do sublime ao trágico*. Autêntica. (Trabalho original publicado em 1901)].

Schiller, F. von. (2002). *De la Grâce et de la dignité*. Du pathétique. [Não traduzido].

Página 112

Beiser, F. (2005). *Schiller as philosopher: a re-examination* (pp. 213-237). Oxford University Press. [Não traduzido].

Laplanche, J. (1999). *Entre séduction et inspiration: l'homme*. PUF. [Laplanche, J. (2023). *Entre a sedução e a inspiração: o homem*. Dublinense].

Über bereinstimmende Energie seiner sinnlichen und geistigen Kräfte. (1992). In R. Leroux, Introduction, in Friedrich Schiller, *Lettres sur l'éducation esthétique de l'homme*. Aubier. (Trabalho original publicado em 1795). [Não traduzido].

Página 114

Arendt, H. (2002) Condition de l'homme moderne. Pocket. [Arendt, H. (2018) A condição humana (13ª ed.). Forense Universitária].

Cukier, A. (2018). *Le travail démocratique*. Paris, PUF. [Não traduzido].

Deranty, J.-P. (2013). Cartographie critique des objections historicistes à la centralité du travail. *Travailler*, *30*, 17-48. [Não traduzido].

Dewey, J. (1975). Démocratie et éducatioon, in Introduction à la philosophie de l'éducation, Paris, Armand Colin / Democracy and Education. In *Introduction to the philosophy of education*. Armand Colin. [Dewey, J. (1979). *Democracia e educação* (4a ed.). Companhia Editora Nacional. (Trabalho original publicado em 1916)].

Renault, E. (2012). Dewey et la centralité du travail. *Travailler*, *28*, 125-148. [Não traduzido].

Fischbach, F. (2015). *Le Sens du social: les puissances de la coopération*. Lux. [Não traduzido].

Smith, N. H. (2013). Work as expression. *Travailler*, *30*, 49-66. [Não traduzido].

Página 115

Smadja, É. (2013). La notion freudienne de Kulturarbeit. In É. Smajda (ed.), *Freud et la culture* (pp. 141-202). PUF. [Não traduzido].

Zaltzman, N. (1998). *De la guérison psychanalytique*. PUF. [Não traduzido].

Página 116

Zaltzman, N. (1998). *De la guérison psychanalytique*. PUF. [Não traduzido].

Página 117

Laplanche, J. (1999b). *Entre séduction et inspiration: l'homme*. PUF. [Laplanche, J. (2023). *Entre a sedução e a inspiração: o homem*. Dublinense].

Zaltzman, N. (1998). *De la guérison psychanalytique*. PUF. [Não traduzido].

Página 118

Freud, S. (1933) La décomposition de la personnalité psychique in XXXIème leçon de la Nouvelle suíte des leçons d'introduction à la psychanalyse. Puf. [Freud, S. (2010) A dissecção da personalidade psíquica – Novas conferências introdutórias) *Obras completas* (Vol. 18, P. C. Souza, Org.). Companhia das Letras. (Trabalho original publicado em 1933)].

Página 119

Chalamov, V. (1993). *Tout ou rien* (Christiane Loré, trad.). Verdier. [Não traduzido].

Zaltzman, N. (1998). *De la guérison psychanalytique*. PUF. [Não traduzido].

Página 120

Loré, C. (1993). Preface. In V. Chalamov, *Tout ou rien* (Christiane Loré, trad.). Verdier.

Zaltzman, N. (1998). *De la guérison psychanalytique*. PUF. [Não traduzido].

Página 122

Elias, N. (1991). *Mozart: sociologie d'un génie* (Jeanne Étoré e Bernard Lortholary, trad.). Seuil. [Elias, N. (1994). *Mozart: Sociologia de um gênio*. Jorge Zahar Editor].

Página 125

Dewey, J. (2010). *The public and its problems* (Joëlle Zask, trad.). Gallimard. [Não traduzido. Há apenas excertos. (Trabalho original publicado em 1925)].

Página 126

Revista *Travailler* – Dossiê.

Página 128

Dejours, C. (2009). La psychologie des masses à l'épreuve de la clinique du travail. In *Travail vivant. II: Travail et émancipation* (pp. 41-72). Payot. [Dejours, C. (2022). A psicologia das massas sob a perspectiva da clínica do trabalho. In C. Dejours, *Trabalho vivo II: Trabalho e emancipação* (pp. 43-77). Blucher].

Página 129

Biran, M. (1942). Essai sur les fondements de la psychologie. In H. Gouhier (ed.), *Œuvres choisies de Maine de Biran* (pp. 87-89). Aubier-Montaigne.

GRÁFICA PAYM
Tel. [11] 4392-3344
paym@graficapaym.com.br